Akademie CPH (Hrsg.)

Was tun gegen »rechts«!?

Akademie CPH (Hrsg.)

Was tun gegen »rechts«!?

Empfehlungen für
den Umgang mit
Rechtspopulismus und
Rechtsextremismus
in Kirche und Gesellschaft.

Ein Handbuch für die Praxis.

echter edition cph

Bibliografische Informationen der Deutschen Bibliothek
Die Deutsche Nationalbibliothek verzeichnet diese Publikation in der Deutschen Nationalbibliografie; detaillierte bibliografische Daten sind im Internet über <http://dnb.d-nb.de> abrufbar.

www.echter-verlag.de

Druck und Bindung: bonitasprint, Würzburg
Coverfoto © Marisa9/iStock.com
Gestaltung: wunderlichundweigand

ISBN 978-3-429-04463-3

INHALT

»Denen, die die Demokratie ernst nehmen,
bindet sie die Hände,
denen, die sie nicht ernst nehmen,
erlaubt sie alles.«
Václav Havel

Vom Wert der Demokratie und ihrer Gefährdungen

Eine Einführung zu unseren »Empfehlungen«

Mit großer Sorge nehmen wir in den vergangenen Monaten Entwicklungen wahr, welche aus unserer Sicht den gesellschaftlichen Zusammenhalt, die politische Kultur und damit auf Dauer wichtige Säulen einer freiheitlich-demokratischen Gesellschaft gefährden. Als Mitarbeitende einer Katholischen Akademie geht unser Bemühen dahin, diese Säulen einer den Menschenrechten verpflichteten und christlich wertorientierten Gesellschaft zu stützen.

Zu unserer eigenen Positionierung gehört zweifelsohne auch die klare Abgrenzung von allen Formen des rassistischen, nationalistischen wie allgemein ausgrenzenden und diskriminierenden Gedankenguts. In unseren Veranstaltungen werden wir immer öfter damit konfrontiert, dass nach dem Motto »Man wird doch noch sagen dürfen«, mittlerweile Positionen salonfähig geworden sind, die dieses menschenverachtende Potenzial in die Diskussionen und damit in Denken und Handeln hineintragen.

Gleichzeitig bleibt oft unklar, wo die Grenzen verlaufen und wie man rechtspopulistische und rechtsextreme Positionen einordnen und oftmals überhaupt erkennen beziehungsweise dann aus einer christlichen Perspektive heraus darauf antworten kann.

Hier setzen unsere »Empfehlungen für den Umgang mit Rechtspopulismus und Rechtsextremismus in Kirche und Gesellschaft« an – als ein »Handbuch für die Praxis«.
In einem ersten Schritt leisten Prof. Frank Decker und Dr. Marcel Lewandowsky einen wichtigen Beitrag zur Klärung der Phänomene, mit denen wir es zu tun haben. Damit schaffen sie auch die Grundlage für weitere Überlegungen, was »gegen rechts« zu tun sei zur Konsolidierung der Demokratie.
In einem zweiten Schritt stellt PD Dr. theol. Sonja Angelika Strube den christlichen Blinkwinkel dar, in dem sie danach fragt: Warum sich als Christ/in gegen »rechts« engagieren? Als Christinnen und Christen treten wir für die Überzeugung ein, dass allen Menschen ohne Ausnahme eine fundamental gleiche Würde zukommt. Dieses Menschenbild findet Widerhall im konsequenten Einsatz der Kirchen für Menschenwürde und Menschenrechte, Freiheit und Demokratie. Kirche ist angesichts des Erstarkens der »Neuen Rechte« mehr denn je gefordert, allen Tendenzen entgegenzutreten, die diese Basis unseres Zusammenlebens durch menschenverachtendes Gedankengut sowie undifferenzierte Vereinfachung komplexer Sachverhalte in Frage stellen.

Das Erstarken rechtspopulistischer Bewegungen macht deutlich, wie wichtig es ist, dass zivilgesellschaftliche und kirchliche Akteure sich aktiv vor Ort für Demokratie und Menschenwürde einsetzen. Im dritten abschließenden Teil wird der Blick auf die Praxis gelenkt und es werden konkrete Handlungsempfehlungen (zusammengetragen durch Leonhard Seidl) gegeben. Weiterführende Literaturhinweise und Homepage-Empfehlungen runden diesen Teil ab.

An der Akademie CPH – und damit auch in unserem Herausgeberteam – ist uns sehr bewusst, dass unsere Demokratie keine Selbstverständlichkeit ist und sie immer wieder aufs Neue gelebt und bei Gefährdungen von links und rechts verteidigt werden muss. Gefährdungen durch Rechtspopulismus und Rechtsextremismus wollen wir mit dieser Handreichung entgegentreten.

Dr. Siegfried Grillmeyer, Direktor der Akademie CPH,
im Namen des Herausgeberteams

Rechtspopulismus: Erscheinungsformen, Ursachen und Gegenstrategien

Prof. Frank Decker / Dr. Marcel Lewandowsky

Für eine ganze Reihe von fremdenfeindlichen Protestparteien hat sich der Begriff »rechtspopulistisch« durchgesetzt. In der Forschung jedoch war lange umstritten, ob rechtspopulistische Parteien über eine gemeinsame ideologische Basis verfügen. Die Politikwissenschaftler Frank Decker und Marcel Lewandowsky über die Genese und den ideologischen Gehalt dieser politischen Strömung.

Einleitung

Seit Mitte der 1980er Jahre ist es in zahlreichen westeuropäischen Ländern zur Herausbildung einer neuen und zugleich neuartigen Parteienfamilie gekommen, für die sich in der Wissenschaft und im journalistischen Sprachgebrauch der Begriff »rechtspopulistisch« eingebürgert hat. Als die Neuankömmlinge am rechten Rand (Front National, Lega Nord, Vlaams Blok, FPÖ) in ihren Ländern auf den

Plan traten und die ersten spektakulären Wahlerfolge erzielten, war man noch geneigt, sie als flüchtige Protesterscheinungen abzutun, wie es sie in den westlichen Demokratien – auch in populistischer Gestalt – schon immer gegeben hatte. Es herrschte also die Erwartung, dass die Herausforderer über kurz oder lang wieder zurückgestutzt oder aus den Parteiensystemen ganz verschwinden würden. Die weitere Entwicklung sollte dies gründlich widerlegen. Nicht nur, dass die Rechtspopulisten ihre Stellung verteidigen und sogar noch ausbauen konnten, das Phänomen begann sich nun auf andere westeuropäische Länder auszudehnen und machte auch vor den neuen Demokratien Mittelosteuropas nicht halt.

Der Begriff »Rechtspopulismus« hat sich sowohl in der Forschung als auch in der Umgangssprache als Bezeichnung für fremdenfeindliche Protestparteien weitgehend durchgesetzt. In der Forschung galt jedoch lange als strittig, ob er auf eine gemeinsame ideologische Basis zurückgeführt werden kann oder er überhaupt als Gegenstand der Forschung geeignet sei. Bei der Untersuchung der europäischen Vertreter wurden auch immer wieder Überschneidungen zwischen Populismus und Extremismus deutlich. Einige Autoren betonen, dass der Populismus supplementäres Merkmal einer radikalen Ideologie sei, es sich also lediglich um einen besonderen Politikstil von Parteien der radikalen Rechten handele. Andere Forscher sehen die populistischen Parteien als eigenständigen Parteientypus. Tatsächlich erweist sich der Populismus als äußerst wandlungsfähig. Besonders erfolgreiche Exponenten wie Geert Wilders' Partij voor de Vrijheid (PVV) in den Niederlanden oder die Dansk Folkeparti in Dänemark geben sich nicht mehr als Außenseiter vom rechten Rand, sondern als Verteidiger der liberalen Demokratie gegen die vermeintliche Bedrohung durch »den Islam«. Kulturelle treten an die Stelle rassistischer Abgrenzungsmuster. Dabei werden die Zuwanderer und die politischen Eliten gleichzeitig angeprangert. Letztere hätten eine erfolgreiche Integrationspolitik versäumt und seien aus falsch verstandener »political correctness« nicht gewillt, die mit der Migration verbundenen Probleme zu benennen. Das Establishment habe sich ohnehin von den Bürgern abgesetzt; es verfolge in den raumschiffartigen Parlamenten (materielle) Eigeninteressen, während »das Volk« als Träger demokratischer Legitimation bei den Entscheidungen nicht (mehr) berücksichtigt werde.

Nach einem kontinuierlichen Aufwuchs bis zum Jahre 2000 neigte sich die Erfolgskurve der rechten Herausforderer bis Mitte der 2000er Jahre zunächst leicht nach unten; danach stieg die Resonanz wieder deutlich an. Der Rechtspopulismus erfasste jetzt auch Länder, in denen er vorher nicht in Erscheinung getreten war. Das zwischenzeitliche Tief dürfte mehr mit Schwächen beim politischen Angebot als mit einer nachlassenden Empfänglichkeit der Wähler für rechtspopulistische Botschaften zu tun gehabt haben. Ein Beleg dafür ist, dass der Populismus auf die etablierten Parteien des politischen »Mainstreams« immer stärker übergriff. Diese machten sich sowohl die Themen der rechtspopulistischen Akteure als auch deren Wähleransprache zu eigen. Ein gutes Beispiel dafür ist der aggressive Präsidentschaftswahlkampf Nicolas Sarkozys 2012 in Frankreich. Zwei sich häufig auch in Parteienform überlappende Spielarten des Populismus nehmen die christdemokratisch-konservativen und sozialdemokratischen Parteien heute in ihren Zangengriff – ein kapitalismuskritischer und/oder wohlfahrtschauvinistisch geprägter Sozialpopulismus und ein kulturalistisch unterfütterter Anti-Islam-Populismus.

Was ist Populismus?

Das »Schillernde« des Populismus ist in der Forschung nahezu zu einem Sprichwort avanciert. Alltagssprachlich setzt man den Populismus häufig mit einer popularitätsheischenden, den Stimmungen in der Bevölkerung nachlaufenden und nachgebenden Politik gleich. In der Konsequenz ist er negativ besetzt. Es heißt, der Populist biedere sich »Volkes Meinung« an; es gehe ihm nicht um die Sache, sondern allein um die Wählergunst.

Den wissenschaftlichen Inhalt des Begriffs trifft das nur zum Teil. Hier wird mit Populismus in erster Linie eine Haltung umschrieben, die für das sogenannte »einfache« Volk und gegen die herrschenden gesellschaftlichen und politischen Eliten Partei ergreift. Der Populismus befindet sich also in Opposition zum (angeblichen) Establishment und verzichtet deshalb bewusst auf die Zustimmung relevanter Bevölkerungsteile. Gerade dieser Außenseiterstatus verschafft ihm Glaubwürdigkeit unter seinen Anhängern.

Träger einer solchen Anti-Establishment-Orientierung können einzelne Personen, Bewegungen, Parteien oder auch ganze Regime sein. Für die wissenschaftliche Analyse des Populismus bietet es sich an, drei Bedeutungsebenen voneinander zu unterscheiden. Die erste Bedeutungsebene fragt danach, wie der Populismus entsteht, das heißt, welche gesellschaftlichen Ursachen ihm zugrunde liegen. Die zweite Bedeutungsebene bezieht sich auf die ideologischen Inhalte des Populismus, welche Abgrenzungsmuster er pflegt und welche Gruppe(n) er mit seinem Volksbegriff adressiert. Die dritte Bedeutungsebene stellt auf die formalen und stilistischen Merkmale des Phänomens ab; hier geht es um die Organisation des Populismus und seine Techniken der Wähleransprache.

Gesellschaftliche Entstehungshintergründe. Populistische Parteien und Bewegungen sind ein Phänomen gesellschaftlicher Modernisierungskrisen; sie treten auf, wenn infolge zu raschen Wandels oder zu großer Verwerfungen bestimmte Bevölkerungsgruppen Wert- und Orientierungsverluste erleiden. Diese Verluste gehen mit Statusangst, Zukunftsunsicherheit und politischen Entfremdungsgefühlen einher. Schon zu früheren Zeiten hat es populistische Bewegungen gegeben, die sich dies zunutze machten. So verdankt der wissenschaftliche Begriff seinen Namen der ausgangs des 19. Jahrhunderts in den USA entstandenen Populist Party. Als weiteres Beispiel könnte man die Poujadisten in der IV. Französischen Republik nennen, zu deren Abgeordneten damals bereits Jean-Marie Le Pen gehörte, der spätere Gründer des Front National. Handelt es sich bei den historischen Populismen um zeitversetzt auftretende Erscheinungen, so sind die aktuellen Modernisierungsprozesse dadurch charakterisiert, dass die Gesellschaften in ihrer ökonomischen, kulturellen und politischen Problembetroffenheit immer mehr zusammenrücken. Dies erklärt, warum die meisten der heutigen populistischen Parteien in Europa in etwa zeitgleich entstanden sind und sich in den jeweiligen Parteiensystemen dauerhaft etablieren konnten.

Selbstverständnis und Ideologie. Charakteristisch für den Populismus ist sein »schizophrenes« Gleichheitsverständnis: Einerseits bringen die Populisten das Volk in Stellung gegen die herrschende Elite, die sie in verschwörungstheoretischer Manier als Verräter des eigentlichen Volkswillens brandmarken. Andererseits grenzen sie das »einheimische« Volk von vermeintlich Nicht-Zugehörigen aus anderen Nationen oder Kulturen ab. Es ist nicht in erster Linie eine Rückwärtsgewandtheit, sondern das anti-egalitäre Moment, das solche Abgrenzungen als ideologisch «rechts" qualifiziert. Auch linke Populisten pflegen das anti-elitäre Ressentiment, die Gegnerschaft zum System und die Parteinahme für die »kleinen Leute«. In der Regel spielt ihr Volksbegriff diese allerdings nicht gegen andere gesellschaftliche Gruppen – etwa die »Ausländer« – aus, und in wertebezogenen Fragen tritt der Linkspopulismus eher liberal auf. Es gibt jedoch auch Ausnahmen von dieser idealtypischen Unterscheidung, insbesondere beim niederländischen Populismus um Geert Wilders und dessen ideologischen Vorgänger Pim Fortuyn: Fortuyn lebte seinen hedonistischen Lebensstil und seine Homosexualität offen aus, und auch Wilders inszeniert sich als Bewahrer der liberalen Gesellschaftsordnung gegenüber dem Islam.

Auftreten und Organisation. In formaler Hinsicht treten als Hauptmerkmale rechtspopulistischer Parteien ihr Selbstverständnis als gesellschaftliche Bewegung (zum Beispiel im Zusammenwirken mit außerparlamentarischen Protestgruppen) und das Prinzip der charismatischen Führerschaft hervor. Innerparteiliche Konflikte werden häufig nicht demokratisch ausgetragen, sondern von der Führungsspitze autoritär entschieden. Darüber hinaus kennzeichnet den Populismus eine bestimmte Art und Weise, wie er sich zu den umworbenen Wählern in Beziehung setzt. Inhalte und formale Merkmale des Populismus stehen in engem Zusammenhang. Das inhaltliche Selbstverständnis gipfelt in der Ausrichtung auf eine Führerfigur als Verkörperung des »Volkswillens«; die Anti-Establishment-Orientierung äußert sich in den Techniken der populistischen Agitation.

Identität und Feindbilder

Adressat und ideologische Grundlage aller Formen des Populismus ist die romantisierte Vorstellung eines homogenen »Volkes« als identitätsstiftendes Ideal. Die Komplexität moderner Gesellschaften, die sich in der Vielfalt von Interessen und Lebensformen widerspiegelt, wird negiert. Die inhaltliche Füllung des Volksbegriffes variiert dabei je nach ideologischer Ausrichtung. Rechte Parteien verweisen auf die nationale Identität, während linke Gruppierungen stärker an den sozialen Status appellieren, etwa von Arbeitnehmern und Arbeitslosen. Beiden Richtungen ist gemeinsam, dass sie die Partikularinteressen ihrer Adressaten als den »wahren« und einzigen Volkswillen propagieren.

Populismus ist also immer auch eine Abgrenzungsideologie. Dem »guten« Volk wird die politische Elite gegenübergestellt, die sich durch Eigeninteressen dem eigentlichen demokratischen Souverän entziehe und vom Willen »des Volkes« entfernt habe. Die populistische Demokratievorstellung ist vage. Sie spielt die Volkssouveränität gegen den Verfassungsstaat aus, »beansprucht, demokratischen Willen ohne demokratische Formen zum Ausdruck zu bringen.«[1] Demokratie wird als unmittelbare und absolute Umsetzung des konstruierten, homogenen »Volkswillens« verstanden. Unzulänglichkeiten des politischen Prozesses und materielle Regierbarkeitsprobleme führen die Populisten auf den Unwillen der politischen Eliten zurück, den Volkswillen zu berücksichtigen. Politische Entscheidungen werden daher aus komplexen Zusammenhängen gelöst und der Verantwortung einzelner oder dem »Establishment« als Ganzes zugeschrieben.

1 Christoph Möllers, Demokratie. Zumutungen und Versprechen, Hamburg 2008, S. 33.

Um den »Volkswillen« unmittelbar zum Ausdruck zu bringen, setzen die Populisten zum einen auf charismatische Führungspersönlichkeiten, die als »Sprachrohre des Volkes« inszeniert werden. Andererseits propagieren sie direktdemokratische Beteiligungsformen, die die repräsentativen und verfassungsstaatlichen Institutionen im politischen Entscheidungsprozess umgehen sollen.

Auf der kulturellen Achse grenzt der Populismus all jene Gruppen aus, die er nach seinem Volksbegriff als »Fremde« identifiziert, also vornehmlich ethnische, kulturelle und religiöse Minderheiten; auch können Bevölkerungsteile aufgrund ihrer sexuellen Orientierungen (z.B. homosexuelle Menschen) oder politischen Überzeugungen (Linke) dabei ins Visier geraten. Zum Feindbild gehören außerdem einzelne Länder wie die USA oder staatenübergreifende Institutionen wie die Europäische Union, die als Gefahr für die nationale Kultur dargestellt werden.

Wer zu den »Feinden« gehört, ist je nach politischer Situation unterschiedlich. Waren es schon in den 1980er und frühen 1990er Jahren häufig Asylbewerber, die sich verbaler Attacken von Seiten der Rechtsparteien ausgesetzt sahen, verdanken sich die Wahlerfolge und mediale Resonanz des Populismus seit den 2000er Jahren nicht zuletzt der Agitation gegen Muslime (etwa im Falle der PVV, der Dansk Folkeparti, der schweizerischen SVP oder der österreichischen FPÖ). Wie die deutsche Debatte um Thilo Sarrazins Buch »Deutschland schafft sich ab« illustriert hat, sind islamfeindliche Ressentiments in den politischen Mainstream weit vorgedrungen. Oft wird der Islam mit Islamismus als dessen politischer Ausprägung gleichgesetzt und künstlich eine Brücke zum Terrorismus geschlagen. Die Flüchtlingsbewegungen aus nordafrikanischen und arabischen Staaten haben Rechtspopulisten mit der Warnung vor »Überfremdung« und »Islamisierung« aufgegriffen und für sich nutzbar gemacht.

Antiislamischer Populismus profitiert von vorhandenen Ängsten, die durch die Serie islamistischer Terroranschläge seit dem 11. September 2001 gewachsen sind. Muslimische Gemeinden werden häufig als »Parallelgesellschaften« wahrgenommen, die sich der Integration verweigerten. Der Populismus kann hier durchaus auf reale Probleme verweisen, etwa die wachsende religiöse Radikalisierung oder die Schwierigkeiten muslimischer Migranten auf dem Arbeitsmarkt. Das Perfide besteht darin, dass seine Vertreter diese Probleme instrumentalisieren, indem sie Misstrauen vor den »Fremden« schüren und Muslime unter Generalverdacht stellen. Die Warnung der Rechtspopulisten vor der Übernahme des »christlichen Abendlandes« durch einen aggressiven Islam erfolgt in der Regel nicht auf Grundlage eines rassistischen, sondern eines eurozentristischen Weltbildes. Statt auf Verständigung und die Förderung eines aufgeklärten, liberalen Islam setzen sie auf Abschottung und Abgrenzung von der vermeintlich nichtzugehörigen kulturellen Fremdgruppe bis hin zur offenen Forderung nach Massenabschiebung.

Populismus und Modernisierung

Die Wahlerfolge der Rechtspopulisten stehen auch in Zusammenhang mit dem kulturellen Wandel, den wir seit etwa den 1960er Jahren in den westlichen Gesellschaften beobachten. Angetrieben wird dieser zum einen durch den Zuzug von Migranten, die insbesondere in den urbanen Ballungsräumen als religiös und kulturell abgrenzbare Gruppen sichtbar in Erscheinung treten. Zum anderen sind früher vorherrschende traditionelle Ordnungsvorstellungen durch eine neue Vielfalt von Lebensstilen und postmaterialistischen Wertorientierungen verdrängt worden (Individualisierung).

Sogenannte »Modernisierungsverlierer«, die von den negativen Effekten ökonomischen Fortschritts unmittelbar betroffen sind, machen einen relativ hohen Anteil der Wählerschaft rechtspopulistischer Parteien aus. Allerdings lässt sich die Erklärung für deren Wählerzuspruch nicht darauf verkürzen. Es ist vor allem die subjektive Deprivation, das heißt die Angst vor sozialem Abstieg, gepaart mit dem Gefühl, politisch machtlos und von den etablierten Parteien und Politikern nicht vertreten zu sein, die bestimmte Gruppen der Gesellschaft für die populistischen Botschaften empfänglich macht. Die Wahlerfolge rechtspopulistischer Parteien rühren folglich nicht unmittelbar aus der ökonomischen und kulturellen Modernisierung, sondern daraus, dass die gemäßigten Parteien des linken und rechten Mainstreams in der Krise als Transmissionsriemen des politischen Systems versagen: Zum einen werden sie sich im Wettbewerb um die mehrheitsfähige Wählermitte ideologisch immer ähnlicher, können also nicht mehr glaubhaft vermitteln, für unterscheidbare politische Konzepte zu stehen. Zum anderen haben sowohl die sozialdemokratischen als auch die konservativen bzw. christdemokratischen Parteien ökonomische und kulturelle Positionen geräumt, die ihre Programmatik und Ideologie über Jahrzehnte hinweg prägten.

Diese Probleme der Parteien sind zum Teil hausgemacht; zum Teil fußen sie ebenfalls auf strukturellen Veränderungen, die es ihnen schwerer machen, ihre angestammten Funktionen als Repräsentationsorgane und Träger des demokratischen Wettbewerbs zu erfüllen. Die Verlagerung von Entscheidungszuständigkeiten in trans- und supranationale Gremien – etwa der Europäischen Union – führt zu immer länger werdenden Legitimationsketten und wachsender Intransparenz. Die politischen Akteure reagieren darauf, indem sie die Darstellung und mediengerechte Inszenierung der Politik von deren technokratischen Wirklichkeit entkoppeln. Die Wähler wiederum merken oder ahnen den Widerspruch. Es verwundert daher nicht, dass das Bild einer machtlosen, sich in Phrasen verlierenden politischen Klasse weithin anschlussfähig geworden ist.

Organisatorische Merkmale

Die populistischen Herausforderer weisen auch in organisatorischer Hinsicht eigene Merkmale auf, die sie von den Vertretern des politischen Mainstreams abheben. Letztere werden in der Parteienforschung heute meistens unter den von Angelo Panebianco so bezeichneten Typus der »professionellen Wählerpartei« subsumiert, der eine modernisierte Form der Mitglieder- und Funktionärspartei darstellt. Bei den Rechtspopulisten lassen sich drei davon abweichende Organisationstypen unterscheiden, die zum Teil ineinander übergehen: Den ersten Typus könnte man ebenfalls im Anschluss an Panebianco als charismatische Partei bezeichnen. Unter ihn fällt das Gros der heutigen Rechts- und Linkspopulisten. Solche Parteien gruppieren sich um eine einzelne Person, die als Anführer meistens auch die Urheber der Partei sind. Institutionalisierte Strukturen und demokratische Verfahren treten in der Organisation hinter der Autorität des Anführers zurück; es gilt das Prinzip der loyalen Gefolgschaft. Beispiele sind der französische Front National unter seinem früheren Vorsitzenden Jean-Marie Le Pen oder die niederländische Partij voor de Vrijheid (PVV), die in ihrem Vorsitzenden Geert Wilders ihr einziges Mitglied hat.

Beim zweiten Typus, exemplarisch von Silvio Berlusconis Forza Italia oder der tschechischen ANO des Oligarchen Andrej Babiš verkörpert, wird die Organisation von einer einzelnen Unternehmerpersönlichkeit begründet, maßgeblich aus deren eigenen Mitteln finanziert und nach den Prinzipien eines Wirtschaftsunternehmens geführt. Dieser Typus der Unternehmerpartei ist weniger ideologisch geprägt als der populistische Typus, dem er ansonsten ähnelt; er stellt eine spezifische Form der Wählerpartei dar. Gemein ist beiden Typen, dass zwischen der Parteiführung und den Mitgliedern eine eher lose institutionelle Verbindung besteht, die Parteien also organisatorisch weniger ausdifferenziert sind als etablierte Parteien.

Den dritten Typus bildet die Bewegungs- oder Rahmenpartei. Deren Organisation besteht aus einem locker verbundenen Netzwerk von Aktivisten, die aus der Gesellschaft hervortreten. Beispiele sind die Piraten, die deutschen Grünen in ihrer Entstehungsphase oder die Fünf-Sterne-Bewegung von Beppe Grillo in Italien, die zugleich Überschneidungen mit dem charismatischen Typus aufweist. In den Vereinigten Staaten haben populistische Bewegungen, die ohne dominante Führungspersönlichkeiten auskommen, eine lange Tradition. Ein Beispiel ist die rechtspopulistische Tea-Party-Bewegung.

Der Bewegungscharakter des Populismus lässt sich zum einen daran festmachen, dass seine Vertreter zumeist keine Abspaltungen von existierenden Parteien sind, sondern gesellschaftlichen Ursprungs. Zum anderen folgt er aus dem ideologischen Verständnis einer Anti-Parteien-Partei. Die Kritik am Machtsystem der repräsentativen Institutionen und das Eintreten für mehr direkte Entscheidungsrechte des Volkes stellen in der populistischen Demokratieauffassung zwei Seiten derselben Medaille dar. Auch die Bedeutung der charismatischen Führung ergibt sich unmittelbar aus der populistischen Vorstellung eines einheitlichen Volkswillens, der durch eine einzelne Person an der Spitze scheinbar am besten abgebildet werden kann. Die Abhängigkeit der Bewegung von dieser Person bleibt allerdings prekär, weil deren Nimbus früher oder später verblassen dürfte. Die Bedeutung des Charismas für den Populismus ist insofern zu relativieren. Sie zeigt sich vor allem in der Etablierungsphase – bei der Gründung und dem Durchbruch der Parteien bei Wahlen, die sie tatsächlich fast immer einzelnen herausragenden Führungspersönlichkeiten verdanken. Den allermeisten dieser Parteien ist jedoch gelungen, auch nach deren Ausscheiden weiterzubestehen und erfolgreich zu bleiben. Im Zuge dieser institutionellen Verstetigung schwächten sie ihren Bewegungscharakter ab und passten sich in der Organisationsform den Mainstream-Parteien an.

Im Gebot innerparteilicher Demokratie liegt insofern ein größeres Erfolgshemmnis für die populistischen Herausforderer als im Wahlrecht oder den Regeln der Parteienfinanzierung. Verschärft wird das Problem durch das von ihnen selbst propagierte plebiszitäre Demokratieverständnis, das sie konsequenterweise auch in der eigenen Organisation gelten lassen müssen.

Stilmittel des Populismus

Als Politikstil bezeichnet man das Auftreten – die Performance – eines politischen Akteurs, das heißt die Art und Weise, wie er an das Wählerpublikum heran- und mit diesem in Beziehung tritt. Dies schließt zum einen die rhetorische Ansprache, zum anderen die Ästhetik des Auftritts ein. In aufsteigender Reihenfolge ihrer Radikalität lassen sich folgende «Stilmittel" des Populismus identifizieren:

- Rückgriff auf Common-Sense-Argumente. Eine typische Argumentationsfigur besteht in der Gleichsetzung von individueller und kollektiver Moral nach dem Motto: Was sich im privaten Bereich bewährt und als richtig erwiesen hat, kann im öffentlichen Bereich nicht falsch sein! Dieser Logik folgt z.B. ein Großteil der populistischen Aussagen zur Wirtschaftspolitik (Forderungen nach Sparsamkeit, stärkerer Eigenvorsorge, individueller Haftung bei Unternehmenspleiten und ähnliches).

- Vorliebe für radikale Lösungen. Populisten halten nichts von einer Politik kleiner Schritte, sondern verlangen stets das beherzte Durchgreifen, den großen Wurf. Weil sie Kompromissfähigkeit als Untugend erachten, geraten sie fast zwangsläufig in den Status einer Fundamentalopposition. Entsprechend schwer tun sie sich, wenn sie selbst Verantwortung übernehmen, es sei denn, sie verfügen – wie in Ungarn unter Fidesz – über die gesamte Macht und können die Durchsetzung ihrer radikalen Lösungen ohne größeren Widerstand betreiben.

- Verschwörungstheorien und Denken in Feindbildern. Das populistische Bild der Gesellschaft entspricht einer klaren Frontstellung: hier das Volk und seine Fürsprecher, dort der innere und äußere Feind. Die Konstruktion des Feindbildes erfolgt zum einen durch Personifizierung – gesellschaftliche Probleme werden auf bestimmte Personengruppen projiziert, um diese als Schuldige zu entlarven –, zum anderen durch verschwörungstheoretische Begründungen. Dabei wird auch die eigene Partei oder Bewegung gern als »Opfer« hingestellt.

- Provokation und Tabubruch. Die Parteinahme für den »kleinen Mann« bedeutet nicht, dass der Populismus dessen Stimmungen hinterherläuft und immer nur solche Meinungen vertritt, die besonders populär sind. Der Zwang, sich von der angeblich herrschenden Elite abzugrenzen, verlangt im Gegenteil nach kalkulierten Entgleisungen; diese sollen an Tabus rühren und damit provozierend wirken. Populisten setzen sich über die Gebote politischer Korrektheit gezielt und bisweilen lustvoll hinweg, die sie als Ausfluss eines »linksliberalen Meinungskartells« betrachten.

- Emotionalisierung und Angstmache. Wortwahl und Diktion tragen dazu bei, Stimmungen in der Bevölkerung emotional anzuheizen. Der populistische Akteur spielt mit Ressentiments und Vorurteilen, die sich in aggressiver Form gegen den angeblichen Feind entladen. Vorhandene Unsicherheiten und Statusängste werden nicht argumentativ entkräftet, sondern im Gegenteil als »Malaise« bewusst geschürt, um das Publikum für die populistische Botschaft empfänglich zu machen. Die Gegenüberstellung von Freund und Feind gibt dem Agitator die Möglichkeit, sich selbst als Auserwählten und Retter hinzustellen.

- Verwendung von Gewalt- und biologistischen Metaphern. Um die Feindlage glaubwürdig zu vermitteln, greift der Agitator zu drastischen Formulierungen, bedient er sich einer Sprache, die an Gewalt und Krieg erinnert. Die Ablehnung des Fremdartigen und »Widernatürlichen« wird durch sexuelle, medizinische oder Tiermetaphern zum Ausdruck gebracht, die das Bild einer kranken, von Zerfall und Zersetzung bedrohten Gesellschaft zeichnen sollen (Volkskörper, Geißel, Schmarotzer, Raubtierkapitalismus und ähnliches).

Populismus und Extremismus

Populistische Parteien können zugleich extremistisch sein, wenn sie die Schwelle zur offenen Systemfeindlichkeit überschreiten. Unter den europäischen Vertretern galt dies z.B. lange Zeit für den französischen Front National, den – später in Vlaams Belang umbenannten – belgischen Vlaams Blok und die Schwedendemokraten. Inzwischen haben diese Parteien den harten Extremismus zurückgedrängt und bemühen sich um ein gemäßigteres Erscheinungsbild. Ob es sich dabei um ein ehrlich gemeintes Bekenntnis oder lediglich eine Camouflage des rassistischen Gedankenguts handelt, bleibt unter den Beobachtern umstritten.

Damit bilden sie innerhalb der populistischen Parteienfamilie allerdings die Ausnahme, deren Mainstream – von den skandinavischen Fortschrittsparteien über Berlusconis Forza Italia bis hin zu Fidesz in Ungarn – gerade nicht extremistisch ist. Umgekehrt kann es rechtsextreme Parteien geben, denen die typischen Elemente des Populismus fehlen. Dies gilt z.B. für die bundesdeutsche NPD, die ausschließlich virtuelle Wahlkämpfe führt und es gar nicht darauf anlegt, zu der von ihr umworbenen Wählerschaft in eine öffentlich sichtbare Beziehung zu treten.

Im europäischen Vergleich ziehen die nicht-populistischen extremen Rechtsparteien gegenüber den nicht-extremistischen populistischen Vertretern klar den Kürzeren. Der Populismus stellt also die eigentliche Erfolgsformel der Rechtsparteien dar. Der Extremismus steht solchen Erfolgen eher im Wege, weil er ideologisch gemäßigte Wähler abschreckt und die Entwicklung einer populistischen Strategie die Wähleransprache behindert. Der Zusammenhang hat allerdings zugleich eine aus Sicht der gemäßigteren Vertreter unschöne Kehrseite: Sind die Populisten im Wählerwettbewerb erfolgreich, könnten extremistische Kräfte versuchen, auf deren Trittbrett aufzuspringen. In der Bundesrepublik wurde auf diese Weise eine Reihe von Rechtsaußenparteien unterwandert (Republikaner, Bund Freier Bürger, Schill-Partei), die daraufhin prompt an Wählerzuspruch verloren bzw. an innerparteilichen Richtungskonflikten zugrunde gingen. Mit Blick auf den Erfolg der Niederländer Pim Fortuyn und Geert Wilders liegt die Vermutung nahe, dass der Populismus umso erfolgreicher ist, je weiter er sich selbst in der vermeintlichen »Mitte« verortet und je bürgerlicher er sich in seinem Auftreten gibt.

Wenn die Extremisten »systemfeindlich« sind, heißt das im Umkehrschluss nicht, dass sich die Rechtspopulisten automatisch innerhalb des »Verfassungsbogens« bewegen. Die populistische Demokratiekonzeption stellt den »deliberativen« Elementen der modernen Demokratie, dem geduldigen Aushandeln, Abwägen und Argumentieren, die autoritäre »Dezision« gegenüber. Die reale Interessen- und Meinungsvielfalt in heutigen, ausdifferenzierten Gesellschaften wird verneint und soll in einer mehrheitsabsolutistischen, tendenziell autoritären Organisation von Entscheidungen ausgehebelt werden. Populismus ist in letzter Konsequenz immer anti-liberal und anti-pluralistisch. Weil er die institutionellen und kulturellen Prinzipien aushöhlt, auf denen die heutige Demokratie beruht, wirkt er wie ein »schleichendes Gift«.

Solange die Herausforderer in der Opposition verharren und als reine Protestparteien auftreten, dürfte von ihnen für die verfassungsmäßige Ordnung keine unmittelbare Bedrohung ausgehen. Bedenklich wird es erst, wenn sie über Regierungsmacht verfügen und ihre Demokratievorstellungen aktiv umsetzen können. Die Erfahrungen nach der Machtbeteiligung bzw. -übernahme rechtspopulistischer Parteien in Österreich, Italien, Ungarn und neuerdings auch Polen haben gezeigt, dass diese Befürchtungen keineswegs aus der Luft gegriffen sind und auch durch das mögliche Scheitern der Populisten an der Regierung nicht zerstreut werden können.

Meinung: Strategien der Auseinandersetzung

Welche Handlungsempfehlungen lassen sich aus dem Scheitern der gegensätzlichen Bekämpfungsstrategien ableiten? Neben der unmittelbaren politischen Auseinandersetzung erscheinen folgende vier Aufgaben(felder) wesentlich: Erstens bedarf es auf der nationalen wie auf der europäischen Ebene einer Politik, die ökonomischen und sozialen Zusammenhalt der Gesellschaften wieder stärker in den Mittelpunkt rückt. Das Bewusstsein der Bedeutung, die der Wohlfahrtsstaat für diesen Zusammenhalt gewinnt, ist in der Vergangenheit mehr und mehr abhandengekommen. Dies zeigt sich gerade mit Blick auf den internationalen Wettbewerb: Je weiter sich die Volkswirtschaften nach außen öffnen, umso wichtiger werden Bildung und Ausbildung (um sich für den Wettbewerb zu wappnen), aber auch die Absicherung gegen die durch den Wettbewerb entstehenden Risiken im Inneren. Gelingt es der Politik nicht, eine Gesellschaft auf der Basis von Chancengleichheit und Fairness zu errichten, kann das Populismus-Potenzial nicht reduziert werden.

Zweitens muss man beim Rechtspopulismus versuchen, der Konkurrenz auf deren eigenem Feld zu begegnen – der Wertepolitik. Dies stellt vor allem für die in ihrem Werteverständnis eher materialistisch geprägten Sozialdemokraten ein schwieriges Problem dar, die verloren gegangenen Kredit aber nur zurückgewinnen können, wenn sie der rechten »Gegenmodernisierung« ein eigenes, nicht-regressives Modell einer guten Gesellschaft entgegenstellen, das die Bedürfnisse der Menschen nach Zugehörigkeit aufnimmt. Dies gilt vor allem für die Zuwanderungspolitik. So entschieden man der rechtspopulistischen Perfidie entgegentreten muss, soziale Konflikte in rein kulturelle oder nationale Konflikte umzudeuten, so wenig sollte man umgekehrt der Versuchung unterliegen, kulturelle Differenz (und den Umgang mit ihr) auf ein ausschließlich soziales Problem zu reduzieren.

Drittens gilt es deutlich zu machen, warum eine Politik, die die Märkte auf der europäischen und transnationalen Ebene reguliert und dazu nationale Zuständigkeiten abgibt (bzw. abzugeben bereit wäre), dennoch im nationalen Interesse ist. Diese Herausforderung stellt sich in der Auseinandersetzung mit dem rechten und linken Populismus gleichermaßen. Die zunehmend europamüden Bürger lassen sich für das Integrationsprojekt nur zurückgewinnen, wenn die sozialen und kulturellen Nebenfolgen, die sich aus dem Marktgeschehen ergeben, nicht mehr ausschließlich der nationalstaatlichen Politik aufgebürdet werden. In anderen Bereichen – etwa der Außen- und Verteidigungspolitik – wäre es geboten, dass die politischen Eliten selbst über ihren Schatten springen; hier scheitert die Überwindung des nationalen Denkens nicht an den Widerständen der Bevölkerung.

Und viertens müssen die Parteien sich nach außen hin gegenüber den Bürgern öffnen. Dies verlangt nach einem anderen Repräsentations- und Organisationsverständnis, das mit dem heutigen Modell der von oben gesteuerten Mitglieder- und Funktionärsparteien bricht. Überlegt werden sollte auch, ob und in welcher Form man die repräsentative Parteiendemokratie durch direktdemokratische Beteiligungsverfahren ergänzen kann – damit sich die Rechtspopulisten dieser Forderung nicht exklusiv bemächtigen. Vor allem braucht es eine neue Kultur des Zuhörens und Aufeinanderzugehens. Die in einer Demokratie unverzichtbare Volksnähe des Politikers gebietet nicht, dem Volkswillen hinterherzulaufen, sondern den Bürgern Gehör zu schenken. Dies setzt voraus, dass man die Lebenswirklichkeiten seiner Wähler kennt oder ihnen zumindest nicht ausweicht.

Der Artikel ist auch hier veröffentlicht:
http://www.bpb.de/politik/extremismus/rechtspopulismus/240089/rechtspopulismus-erscheinungsformen-ursachen-und-gegenstrategien

Literatur

Bornschier, Simon (2012), Why a Right-Wing Populist Party Emerged in France but not in Germany: Cleavages and Actors in the Formation of a New Cultural Divide, in: European Journal of Political Science 4 (1), S. 121–145.

Canovan, Margaret (2002), Taking Politics to People. Populism as the Ideology of Democracy, in: Yves Mény / Yves Surel (Hg.), Democracies and the Populist Challenge, Basingstoke / New York, S. 25–44.

Canovan, Margaret (2004), Populism for Political Theorists?, in: Journal of Political Ideologies 9 (3), S. 241–252.

Decker, Frank (2004), Der neue Rechtspopulismus, 2. Aufl., Opladen.

Decker, Frank (2006), Die populistische Herausforderung. Theoretische und ländervergleichende Perspektiven, in: ders. (Hg.), Populismus, Bonn, S. 9–32.

Decker, Frank / Marcel Lewandowsky (2012), Die rechtspopulistische Parteienfamilie, in: Uwe Jun / Benjamin Höhne (Hrsg.), Parteienfamilien, S. 272–285.

Decker, Frank (2015), Alternative für Deutschland und Pegida: Die Ankunft des neuen Rechtspopulismus in der Bundesrepublik, in: ders. / Bernd Henningsen / Kjetil A. Jakobsen (Hg.), Rechtspopulismus und Rechtsextremismus in Europa, Baden-Baden, S. 75–90.

Downs, William (2012), Political Extremism in Democracies: Combating Intolerance, Basingstoke.

Frölich-Steffen, Susanne (2008): »Populismus im Osten und im Westen als parallele Entwicklung?«, in: Ellen Bos / Dieter Segert (Hrsg.): Osteuropäische Demokratien als Trendsetter? Parteien und Parteiensysteme nach dem Ende des Übergangsjahrzehnts. Opladen, S. 303–321.

Geis, Matthias / Bernd Ulrich (2010), Alles, was rechts ist, in: Patrik Schwarz (Hg.), Die Sarrazin-Debatte, Hamburg, S. 199–204.

Goodwyn, Lawrence (1976), Democratic Promise. The Populist Moment in America, New York.

Ignazi, Piero (2003), Extreme Right Parties in Western Europe, Oxford.

Lewandowsky, Marcel / Heiko Giebler / Aiko Wagner (2016), Rechtspopulismus in Deutschland. Eine empirische Einordnung der Parteien zur Bundeswahl 2013 unter besonderer Berücksichtigung der AfD, in: Politische Vierteljahresschrift 57 (2), S. 247–275.

Mair, Peter (2002), Populist Democracy vs Party Democracy, in: Yves Mény / Yves Surel (Hg.), Democracies and the Populist Challenge, Basingstoke / New York, S. 81–98. Möllers, Christoph (2008), Demokratie – Zumutungen und Versprechen, Berlin.

Mudde, Cas (1996), The War of Words Defining the Extreme Right, in: West European Politics, 19 (2), S. 225–248.

Mudde, Cas (2007), Populist Radical Right Parties in Europe, Cambridge.

Müller, Jan-Werner (2016), Was ist Populismus? Ein Essay, Berlin.

Niedermayer, Oskar / Jürgen Hofrichter (2016), Die Wählerschaft der AfD: Wer ist sie, woher kommt sie und wie weit rechts steht sie?, in: Zeitschrift für Parlamentsfragen 47 (2), S. 267–284.

Pirro, Andrea L. (2014), Populist Radical Right Parties in Central and Eastern Europe: The Different Context and Issues of the Prophets of the Patria, in: Government and Opposition 49 (4), S. 600–629.

Schönfelder, Sven (2008), Rechtspopulismus. Teil Gruppenbezogener Menschenfeindlichkeit, Schwalbach/Ts.

Spier, Tim (2006), Populismus und Modernisierung, in: Frank Decker (Hg.), Populismus in Europa, Bonn, S. 33–58.

Warum sich als Christ/in gegen »rechts« engagieren?

Sonja Angelika Strube

Schaut man aus christlicher Perspektive auf rechtspopulistische Positionen oder gar rechtsextreme Gewalttaten, so gibt es viele gute Gründe, sich als Bürger/in und als Christ/in gegen Rechtspopulismus und Rechtsextremismus zu engagieren. Allerdings gibt es auch unter Christ/innen und in Kirchengemeinden Meinungsverschiedenheiten darüber, ob sich Kirche überhaupt politisch positionieren sollte und wie verständnisvoll oder ablehnend mit Menschen aus dem rechten Spektrum umzugehen sei. Und schließlich gibt es auch Christ/innen, die bewusst und aktiv im politisch rechten Spektrum unterwegs sind. Das Problem extrem rechter Einstellungen und Gruppenbezogener Menschenfeindlichkeit ist also nicht nur eines von Personengruppen außerhalb der Kirchen. Vielmehr müssen wir als Christ/innen und Kirchen erkennen, dass auch christliche Religiosität ambivalent sein kann. Umso mehr gilt es, diejenigen Traditionen des christlichen Glaubens wiederzuentdecken und zu stärken, die menschenfreundliche religiöse Haltungen fördern.

Rechte Christen und das Interesse Rechter an Christen

Das Interesse Rechter an Christen

Obwohl der christliche Glaube in der Gesellschaft insgesamt an Bedeutung verliert, gelten Christ/innen und Kirche in weiten Teilen der Bevölkerung immer noch als Inbegriffe moralischen Anstands und bürgerlicher »Mittigkeit«. Dies macht sie zu einer Zielgruppe derjenigen rechten Kreise, die gerne selbst als anständig, bürgerlich und »mittig« wahrgenommen werden wollen.

Seit vielen Jahren zeigt sich in unterschiedlichen rechten Milieus das Bemühen, sich selbst als bürgerlich und die eigene extrem rechte Perspektive als »ganz normal« darzustellen, um so eine breite Akzeptanz der eigenen Person, Gruppe und Ideologie zu erreichen. Von »Neonazis in Nadelstreifen« sprachen schon Mitte der 2000er Jahre Andrea Röpke und Andreas Speit in Bezug auf deutliche Imageveränderungen in der NPD, die im Osten die Parlamente erobern wollte und dafür die Fünf-Prozent-Hürde überspringen musste. Wenn auf Pegida- oder AfD-Demonstrationen »Wir sind das Volk« gerufen wird, beanspruchen diese für sich, die »schweigende Mehrheit« zu vertreten. Selbst im überwiegend konfessionslosen Osten Deutschlands sollen schwarz-rot-gelbe Pegida-Kreuze eine »christlich«-abendländische Identität markieren.[1] Erklärtes Ziel zahlreicher rechter Politiker/innen und Netzwerker ist es, rechtes Gedankengut in breite Schichten der Gesellschaft zu tragen, dort Akzeptanz für die eigenen Ideen zu gewinnen und nach und nach

1 http://www.deutschlandfunk.de/der-dom-bleibt-dunkel-der-konflikt-zwischen-der-afd-und-den.886.de.html?dram:article_id=344488

die Wahrnehmung dessen, was als normal gilt, zu verschieben (Normalitätsverschiebung).

Zielgruppe der Intellektuellen Rechten war immer schon das Bildungsbürgertum. Vor allem Medien der Intellektuellen Neuen Rechten haben bereits seit Mitte der 1990er Jahre ein Interesse daran, konservative Christ/innen für sich zu gewinnen, denn Christentum und Kirchen stellen einen wesentlichen Kern der sogenannten »Mitte« der Gesellschaft dar. Rechte Zeitungen, Magazine und Internetseiten werben aktiv um christliche Leser/innen, indem sie immer wieder aktuelle kirchliche, besonders gerne konservativ-christliche oder traditionalistische Themen aufgreifen, so z.B. »Junge Freiheit« (JF), »Blaue Narzisse« (BN), »eigentümlich frei« (ef), das extrem islamfeindliche Weblog »Politically Incorrect« (PI), das rechtspopulistische Magazin »Compact«, das extreme Ideologieorgan »Sezession« und sogar das rechtsextreme Magazin »Zuerst!«.

Am einfachsten gelingt das Ködern von Christ/innen im Internet, da dort schon ein gut platzierter Artikel zu einem aktuellen kirchlichen Thema Menschen über Stichwortsuche per Suchmaschine auf die betreffenden Seiten bringt. Wenn die kirchlichen Artikel auf einem politisch rechten Medium christliche Leser/innen ansprechen, werden diese auch andere Artikel lesen und die Seiten regelmäßiger besuchen. Auf diese Weise können neurechte Medien auf christliche Internetnutzer/innen Einfluss gewinnen. Nicht immer ist den Betroffenen bewusst, dass sie ein neurechtes Magazin lesen; manche würden dies womöglich gar nicht wollen. Gegen solche Köder-Versuche von rechts hilft es, sich und andere über eine bürgerlich erscheinende »Neue Rechte« sowie über rechte Medien, ihre Strategien und ihre Ziele zu informieren.

Explizit christliche oder kirchliche Unterstützer/innen für sich zu gewinnen bedeutet für rechte politische Gruppen zweierlei: Zum einen können sie so neue (Wähler-)Milieus erschließen, die ihnen bisher verschlossen waren, zum anderen erzielen sie auf jeden Fall einen wichtigen Imagegewinn. Eine Zeitschrift erscheint vielen Menschen sofort vertrauenerweckender, wenn dort z.B. ein Priester als Interviewpartner oder Autor erscheint und dieser vielleicht sogar als Priester erkennbar mit Kollar abgebildet ist (Beispiele: Interviewpartner und Autoren in den Medien JF, BN, ef). Mit einem solchen Foto als Aufmacher oder durch die Informationen zum Autor wird Vertrauen gewonnen, völlig unabhängig davon, ob der Artikel überhaupt gelesen wird. Manche Menschen werden auch Hemmungen haben, eine Demonstration als rechtsextrem zu bezeichnen, wenn erklärte Christ/innen oder gar ein Priester dort eine Ansprache halten. Auf diese Strategie setzen z.B. Kundgebungen von Pegida oder der NPD-nahen »Bürgerinitiative Ausländerstop« (BIA), wo der katholische Pastor Paul Spätling in Sutane (Januar 2015, Pegida in Duisburg) oder der exkommunizierte Betrüger Markus Ramolla in Bischofsornat (Juni 2017, Pegida/BIA in München) auftraten.

Rechte Christen

Doch es gibt nicht nur ein strategisches Interesse Rechter an Christen. Es gibt auch überzeugte Christ/innen, die selbst (extrem) rechte Einstellungen vertreten und gruppenbezogene Menschenfeindlichkeit gegen bestimmte Personenkreise wie etwa geflüchtete, muslimische oder homosexuelle Menschen hegen. Entgegen anderslautender Hoffnungen deuten repräsentative Studien leider immer wieder darauf hin, dass es unter Kirchenmitgliedern prozentual ein genauso großes Maß an rechtsextremen Einstellungen und gruppenbezogener Menschenfeindlichkeit gibt wie im Durchschnitt der Bevölkerung. Im Internet gibt es zahllose private Blogs, aber auch vielgelesene Websites, deren Betreiber und Leser/innen sich ausdrücklich als besonders streng gläubige Christen verstehen und die gleichzeitig extrem rechtes Gedankengut verbreiten, rechtspopulistische Medien und Parteien offen unterstützen und für sie werben.

Schon seit Anfang der 2000er Jahre macht sich die private Internetseite »Kath.net« systematisch zu einem »Brückenmedium« für neurechtes und rechtspopulistisches Gedankengut und will dieses offenbar in kirchlichen Kreisen verankern. Kath.net wirbt durch Positivberichterstattung für FPÖ und AfD, durch Artikel und Werbebanner für neurechte Medien wie die »Junge Freiheit« und »eigentümlich frei«.[2] Viele der handverlesenen Userkommentare zeugen inzwischen von geschlossen rechten Weltsichten; eine Normalitätsverschiebung in Richtung rechts außen hat unter den User/innen bereits stattgefunden. Weitere Internetseiten eines politisch weit rechts verorteten katholischen Spektrums sind etwa »katholisches.info«, »gloria.tv«, der Blog »charismatismus.wordpress.com« oder gar der Hassblog »kreuz-net.at«, der inzwischen vor allem die Botschaften des Holocaustleugners Richard Williamson, ehemals Bischof der Priesterbruderschaft St. Pius X. (FSSPX), verbreitet. Die Ende 2012 vom Netz gegangene Seite »kreuz.net«, unter deren ano-

2 Vgl. Strube, Angelika (2014): Rechtsextremismus als Forschungsthema der Theologie? Aktuelle Studien und eine kritische Revision traditionalismusaffiner Theologien und Frömmigkeitsstile, Hauptartikel in: Theologische Revue 3/2014, 179–194.
Strube, Angelika (2011): Rechtspopulistisches Interessen an katholischen Themen – eine Herausforderung für die kirchliche Erwachsenenbildung, in: Info-Dienst theologische Erwachsenenbildung Nr. 57, 3/2011, 19–23.

nymen Betreibern und meist anonymen Autoren auch katholische Priester waren, wie die spätere Strafverfolgung ergab, betrieb u.a. Volksverhetzung und Holocaustleugnung und wurde vom Verfassungsschutz als rechtsextrem eingestuft.

All dies zeigt, dass die Auseinandersetzung mit rechter Hetze nicht nur auf kirchenferne Gruppen außerhalb der eigenen Reihen zielt. Vielmehr muss sich Kirche auch fragen, wie und unter welchen Umständen es zu extrem rechten Einstellungen kommen kann unter Menschen, die sich als besonders gute Christ/innen verstehen. Vieles deutet darauf hin, dass fundamentalistische und autoritäre religiöse Einstellungen extrem rechte Weltbilder und gruppenbezogene Menschenfeindlichkeit bestärken und legitimieren.

Innerhalb des katholischen Glaubensspektrums gehen extrem rechte politische Positionierungen häufig mit antimodernistischen und traditionalistischen religiösen Einstellungen einher. Dies meint keineswegs, dass nur religiöse Splittergruppen wie die Priesterbruderschaft St. Pius X. (Piusbruderschaft, FSSPX) betroffen sind; auch sind umgekehrt nicht alle Anhänger/innen des Alten Ritus automatisch rechts(extrem). Vielmehr hat sich, verstärkt seit den 1990er Jahren und mit der Ausbreitung des Internets, mitten in der römisch-katholischen Kirche ein religiöser Sektor von Personen und Gruppen herausgebildet, die autoritär geprägt sind und die Reformen des zweiten Vatikanischen Konzils inhaltlich letztlich nicht anerkennen. Extrem autoritäre religiöse Auffassungen vertreten derzeit (Herbst 2017) z.B. teilweise jene Personenkreise, die Papst Franziskus und seinen Reformkurs scharf attackieren.

Christliche Argumente gegen »rechts«

Gerade weil es Christ/innen gibt, die den christlichen Glauben als Argument für rechte politische Ideologien ins Feld führen, ist es notwendig, dass sich auch die übrigen Christ/innen sowie kirchliche Leitungspersonen Rechenschaft darüber ablegen, welche christlichen Werte, Welt- und Menschenbilder einer rechten Vereinnahmung des Christlichen entgegenstehen.

Gottebenbildlichkeit: Gegen Ideologien der Ungleichwertigkeit

Kern rechten Denkens, so sind sich Rechtsextremismusforscher/innen jenseits vieler Definitionsunterschiede einig, ist die Überzeugung von der Ungleichwertigkeit unterschiedlicher Menschengruppen: Menschengruppen werden aufgrund unterschiedlicher Hautfarbe, religiöser oder kultureller Zugehörigkeit, aufgrund ihres Geschlechts, ihrer sexuellen Orientierung oder ihres materiellen Status als unterschiedlich wertvoll betrachtet. Wo Juden oder Muslime, geflüchtete, asylsuchende, obdachlose, langzeitarbeitslose oder homosexuelle Menschen, Frauen, Menschen mit Behinderungen oder dunkler Hautfarbe, Sinti und Roma oder andere Menschengruppen als weniger wertvoll, also als »minderwertig« betrachtet, bezeichnet oder behandelt werden, herrscht eine Ideologie der Ungleichwertigkeit. Wer in seinem Weltbild oder in seinem diskriminierenden oder gar gewalttätigen Handeln bestimmte Menschengruppen als minderwertig ansieht, wird zurecht als »rechts« bezeichnet. Dafür muss er nicht mit dem historischen Nationalsozialismus sympathisieren.

Ein Kerngedanke des christlichen Glaubens steht jedoch jeder Ideologie der Ungleichwertigkeit diametral entgegen: die Überzeugung der Gottebenbildlichkeit eines jeden Menschen (vgl. Genesis 1,26f). Die Glaubensüberzeugung, dass ein jeder Mensch als Gottes Ebenbild geschaffen ist, verbietet es, manche Menschen für weniger wertvoll zu erachten als andere. Für diese Einsicht machte sich schon das Konzilsdokument »Nostra aetate« über das Verhältnis der katholischen Kirche zu den Weltreligionen 1965 stark. Die kurze Erklärung wurzelt in der Schuldeinsicht und in der Reue über das Versagen der katholischen Kirche angesichts der Shoah, des nationalsozialistischen Völkermordes an den Juden Europas. Sie eröffnete der römisch-katholischen Kirche die Möglichkeit zum Dialog der Religionen und wurde in der Praxis zum wohl folgenreichsten Dokument des Zweiten Vatikanischen Konzils. Unmissverständlich bindet es in ihrem abschließenden Kapitel 5 christliches Glauben und Beten an die Aufforderung, ausnahmslos jeden Menschen als Gottes Ebenbild und somit als »Bruder« bzw. Schwester anzusehen und schlussfolgert: »Deshalb verwirft die Kirche jede Diskriminierung eines Menschen oder jeden Gewaltakt gegen ihn um seiner Rasse oder Farbe, seines Standes oder seiner Religion willen, weil dies dem Geist Christi widerspricht.« Dies ist eine klare theologisch fundierte Positionierung der Kirche gegen Rechtsextremismus, Rechtspopulismus und gruppenbezogene Menschenfeindlichkeit, auch wenn sie aus heutiger Perspektive z. B. um das Verwerfen von Diskriminierungen aufgrund des Geschlechts oder der sexuellen Orientierung noch zu ergänzen wäre.

Universale Brüderlichkeit

Wir können aber Gott, den Vater aller, nicht anrufen, wenn wir irgendwelchen Menschen, die ja nach dem Ebenbild Gottes geschaffen sind, die brüderliche Haltung verweigern. Das Verhalten des Menschen zu Gott dem Vater und sein Verhalten zu den Menschenbrüdern stehen in so engem Zusammenhang, dass die Schrift sagt: »Wer nicht liebt, kennt Gott nicht« (1 Johannes 4,8). So wird also jeder Theorie oder Praxis das Fundament entzogen, die zwischen Mensch und Mensch, zwischen Volk und Volk bezüglich der Menschenwürde und der daraus fließenden Rechte einen Unterschied macht. Deshalb verwirft die Kirche jede Diskriminierung eines Menschen oder jeden Gewaltakt gegen ihn um seiner Rasse oder Farbe, seines Standes oder seiner Religion willen, weil dies dem Geist Christi widerspricht. Und dementsprechend ruft die Heilige Synode, den Spuren der heiligen Apostel Petrus und Paulus folgend, die Gläubigen mit leidenschaftlichem Ernst dazu auf, dass sie »einen guten Wandel unter den Völkern führen« (1 Petrus 2,12) und wenn möglich, soweit es an ihnen liegt, mit allen Menschen Frieden halten, so dass sie in Wahrheit Söhne des Vaters sind, der im Himmel ist.

Gottebenbildlichkeit: für Menschenwürde und Menschenrechte

Die Glaubensüberzeugung der Gottebenbildlichkeit, die jedem einzelnen Menschen mit all seinen Besonderheiten eine unverlierbare Würde zuspricht, formuliert aus religiöser Perspektive das, was im politischen Raum die Idee der unantastbaren Menschenwürde und der unveräußerlichen Menschenrechte formuliert: »Alle Menschen sind frei und gleich an Würde und Rechten geboren« (Art. 1 der Allg. Erklärung des Menschenrechte) und »Die Würde des Menschen ist unantastbar« (Art. 1 GG.). Aus christlicher Perspektive ist dies ein Anlass zur Wertschätzung unseres Grundgesetzes und der demokratischen Rechtsstaatlichkeit sowie ein Ansporn, immer mehr Menschen in Deutschland, Europa und weltweit zur tatsächlichen Anerkennung ihrer Grundrechte zu verhelfen. Rechte Ideologien torpedieren dagegen Menschenrechte, Rechtsstaatlichkeit und plurale demokratische Gesellschaftsformen.

»›Einer‹ in Christus«: Gegen Ausgrenzung und das Einteilen von Menschen in »Wir« und »die Anderen« (»Othering«)

Mit dem Glauben an die Gottebenbildlichkeit aller Menschen geht die Aufforderung einher, auch dementsprechend zu handeln. Das Erste wie das Zweite Testament fordern immer wieder dazu auf, Grenzen zwischen Menschen zu überwinden und dem Gegenüber auf Augenhöhe zu begegnen. Verschiedene authentische Paulusbriefe legen Zeugnis davon ab, wie ernst den frühen Gemeinden die Gleichheit aller Menschen vor Gott war. Nicht immer war es dabei Paulus, der den Gedanken der Gleichheit vertrat; bisweilen argumentierte er für Ungleichheiten, während die Gemeinde, der er schrieb, dagegen hielt (1 Korinther 11,2–16). Im Brief an die Galater formuliert Paulus positiv, wie gleichberechtigt und egalitär alle Gemeindemitglieder miteinander umgehen sollten: »Es gibt nicht mehr Juden und Griechen, nicht Sklaven und Freie, nicht Mann und Frau; denn ihr alle seid ›einer‹ in Christus Jesus« (Galater 3,28). Die gesellschaftlichen Grenzen und Hierarchien zwischen Religionen und ethnischen Zugehörigkeiten, zwischen den Geschlechtern, Klassen und Ständen sollen innerhalb der Gemeinde fallen – und damit auch gesellschaftliche Selbstverständlichkeiten infrage stellen. Gal 3,28 widerspricht explizit jedem Denken und Handeln, das

Menschen aufgrund ihrer Religion oder Kultur, ihres Geschlechts (Sexismus), ihres gesellschaftlichen oder materiellen Status (heute z.B. aufgrund von Armut, Arbeitslosigkeit, Obdachlosigkeit) abwertet. Ebenso widerspricht es jedem Denken, das Menschen aussondert als »fremd« und »nicht dazugehörig« und das Grenzen zieht zwischen einem »Wir« und »die Anderen« (psychologischer Fachbegriff: engl. »Othering«).

»Die Kirche Jesu Christi ist multikulturell«(Michael Haspel): Gegen Fremdenfeindlichkeit, Rassismus, Nationalismus

Dass Gesellschaften multikulturell sind, ist seit alters her ein Faktum. Schon in der Antike, in biblischen Zeiten, war es normal und üblich, dass Menschen unterschiedlicher Kultur, Sprache und Religionszugehörigkeit in enger Nachbarschaft in einer Region lebten. Die Bibel legt ein beredtes Zeugnis davon ab. Antike Reiche ebenso wie die des Mittelalters waren multikulturell. Die uns heute so selbstverständlich erscheinende Idee von Nationalstaaten und einer ethnisch homogenen Nation ist demgegenüber sehr jung und war immer eher ein Mythos als ein Faktum. Sie verbreitete sich erst im 19. Jahrhundert, ging sehr rasch einher mit übersteigertem Nationalismus und ist längst schon wieder an ihre Grenzen gestoßen, denn unabhängig von persönlichen Wünschen und Idealvorstellungen ist die Welt multikulturell und wächst als solche zusammen. Wir müssen uns damit arrangieren und darauf einlassen. Weil die römisch-katholische Weltkirche ein schon sehr alter und zudem langlebiger »Global Player« ist, könnte dies Katholik/innen eigentlich besonders leicht fallen.

Nichtsdestotrotz haben rechtfertigende politische Mythen eine gewisse Wirkmächtigkeit: Sie formen unsere Vorstellungen von der

Welt, prägen unsere Wahrnehmung und beeinflussen unser Verhalten. Um ein Denken in starren Kategorien von Nation und Rasse zu überwinden, braucht es möglicherweise nicht allein Aufklärung über den brüchigen Charakter dieser politischen Idee, sondern auch neue, durchaus auf solider historischer Basis beruhende »Erzählungen«: Erzählungen von Europa etwa, und von der einen Menschheit; eine Geschichtswissenschaft und ein Geschichtsunterricht, der nicht mehr die »eigene Nation«, die es so gar nicht gab, in den Mittelpunkt stellt, sondern unsere eine, allen gemeinsame Welt.

Die bleibende Erwählung Israels:
Gegen Antijudaismus und Antisemitismus

»Wenn du als Zweig vom wilden Ölbaum in den edlen Ölbaum eingepfropft wurdest und damit Anteil erhieltest an der Kraft der Wurzel, so erhebe dich nicht über die anderen Zweige. Wenn du es aber doch tust, so sollst du wissen: Nicht du trägst die Wurzel, sondern die Wurzel trägt dich« (Römer 11,17f). Lange haben Christentum und Kirchen in oft krasser feindseliger Weise vergessen, dass das Judentum ihre Mutterreligion ist, die Wurzel, die uns trägt und ohne die der christliche Glaube weder existieren würde noch könnte. Eine tiefe Spur des Antijudaismus, der religiös begründeten Judenfeindschaft, durchzieht die Kirchengeschichte und trug sogar Mitschuld am Entstehen eines rassistischen Antisemitismus. Erst nach der Shoah, nach 1945 erkannten die Kirchen ihre schwere Mitschuld an der Judenvernichtung der Nazidiktatur, und es kam zu einem grundlegenden theologischen Umdenken. Wie schon Paulus es beschrieb, erkennen die Kirchen heute die bleibende Erwählung Israels: Niemals hat Gott seinen Bund mit Israel aufgekündigt. Dieser christliche Glaube an Gottes nie aufgekündigten Bund mit Israel verbietet es auch, jüdische Menschen missionieren zu wollen.

Zum christlichen Glauben gehört deshalb die Hochachtung vor der Religion Jesu, aus der unser Glaube hervorgegangen ist und die Christ/innen als ihre Mutterreligion bezeichnen können. Die Beziehung zwischen dem jüdischen und dem christlichen Glauben ist so eng, dass Theologie und Kirche zunehmend nicht mehr von einem interreligiösen Dialog sprechen, sondern von jüdisch-christlicher Ökumene. In dieser besteht ein einseitiges Abhängigkeitsverhältnis: Der christliche Glaube ist ohne den jüdischen nicht vorstellbar, der jüdische aber kann auch ohne den christlichen bestehen.

Grenzen überwindende Nächstenliebe: Gegen Gruppenbezogene Menschenfeindlichkeit

Das Stichwort »Menschenfeindlichkeit« lässt aufhorchen. Es macht deutlich, dass es bei Rechtsextremismus und seinen ideologischen Spielarten nicht einfach um irgendeine politische Meinung geht, sondern darum, dass Menschen ausgegrenzt, durch Hetze verleumdet, bedroht, angegriffen und im schlimmsten Fall sogar ermordet werden. Der rechtsextreme Angriff auf die Würde des Menschen beginnt schon bei der Ideologie, nicht erst beim tatsächlich verübten Gewaltverbrechen.

Wenn es darum geht, Menschenfeindlichkeit zu verringern bzw. die Welt menschenfreundlicher zu gestalten, sind Christ/innen in besonderer Weise gefragt. Im Zentrum des christlichen Glaubens steht das Doppelgebot der Gottes- und Nächstenliebe, das Jesus wie auch anderen Schriftgelehrten seiner Zeit als pointierte Zusammenfassung aller jüdischen Gebote galt: »Höre Israel, der Ewige, unser Gott, der Ewige ist eins. Du sollst den Ewigen, deinen Gott, lieben aus ganzem Herzen, mit deiner ganzen Seele und mit deinem ganzen Vermögen, mit all deinen Gedanken und all deiner Kraft. Als zweites kommt hinzu: Du sollst deinen Nächsten lieben wie dich selbst. Kein anderes Gebot ist größer als diese beiden« (Markus 12,29–31). Jesus zitiert hier das bis heute zentrale jüdische Bekenntnis, das »Höre Israel« (Deuteronomium 6,4–9), das mehrmals täglich beim Gebet gesprochen wird, sowie das Gebot der Nächstenliebe aus Levitikus 19,18.34.

Dass das Gebot der Nächstenliebe über Familien- und Volksgrenzen hinweg gilt, dass auch Fremde Nächste sind, deren Schicksal uns etwas angeht, dass prinzipiell jeder Mensch mein Nächster ist, hat Jesus im Gleichnis vom barmherzigen Samariter deutlich gemacht (Lukas 10,25–37). Mit dieser Geschichte macht er die Gebote aus Levitikus 19,18.34 anschaulich, in denen es auch schon heißt: »Der Fremde, der bei euch wohnt, soll euch wie ein Einheimischer gelten, und du sollst ihn lieben: Er ist wie du [andere Übersetzungsmöglichkeit: wie dich selbst]; denn ihr seid selbst Fremde in Ägypten gewesen. Ich bin der Herr, euer Gott.« Levitikus 19,34 erinnert Israel an seine eigenen Erfahrungen des Fremdseins und daran, wie schnell jeder Mensch aus der Sicht anderer zu einem Fremden werden kann. Man könnte auch sagen: Levitikus 19,34 ist die biblische Variante des Spruchs »Alle Menschen sind Ausländer. Fast überall.«

Schon allein diese grenzüberschreitende Verantwortung für den oder die Nächste verbietet es Christ/innen, über Hetze, Diskriminierung, Unrecht und Gewalt, die sie miterleben, einfach hinwegzusehen. Zudem lässt sie nicht zu, manche Menschen als Fremde auszugrenzen und sich für sie nicht zuständig zu fühlen. Genau die für rechtes Denken grundlegende Unterscheidung zwischen der eigenen Gruppe und »den Anderen«, zwischen »Berechtigten« und »Unberechtigten« wird durch dieses Gebot im Ersten wie im Zweiten Testament ausgehebelt. Besonders deutlich wird das durch die

Übersetzung »er ist wie du«, die den hebräischen Wortsinn dieser Stelle noch genauer trifft.

Gottes Parteilichkeit:
Gegen das sogenannte »Recht des Stärkeren«

Das Bemühen um Gerechtigkeit und ein menschenwürdiges Leben für alle gehört zu den Kernaufgaben der Kirche und zu den Grundlagen unseres Glaubens. Viele biblische Texte rufen zu einem Engagement für Frieden und Gerechtigkeit auf. Besonders eindringliche Hoffnungsbilder entwirft der Prophet Jesaja (z.B. Jesaja 9,1–6; 11,1–9). Neben positiven Visionen von Gerechtigkeit und Frieden finden wir insbesondere in der prophetischen Tradition auch schärfste Kritik an sozialer Ungerechtigkeit und einem Handeln nach dem sogenannten »Recht des Stärkeren«, das wir heute ›sozialdarwinistisch‘ nennen. Zentrale Texte des Ersten wie des Zweiten Testaments verkünden einen Gott, der Partei ergreift für die Armen und Entrechteten. Nicht selten ist dabei direkt die Rede von einer Umkehrung der ungerechten Herrschaftsverhältnisse.

Prägnant legt das Lukasevangelium diese Botschaft dem jungen Mädchen Maria in den Mund: »Meine Seele preist die Größe des Herrn und mein Geist jubelt über Gott, meinen Retter [...] Er stürzt die Mächtigen vom Thron und erhöht die Erniedrigten« (Lukas 1,46–55). In einem markanten Ausspruch stellt Jesus die Herrschaftspyramide der römischen Kaiserzeit direkt auf den Kopf: »Ihr wisst, dass die, die als Herrscher gelten, ihre Völker unterdrücken und die Mächtigen ihre Macht über die Menschen missbrauchen. Bei euch aber soll es nicht so sein, sondern wer bei euch groß sein will, der soll euer Diener sein, und wer bei euch der Erste sein will, soll der Sklave aller sein« (Markus 10,42–44.).

Mit seiner Herrschaftskritik steht Jesus in der Spur der sozialkritischen Prophet/innen des Ersten Testaments, etwa Amos, Micha, Zefanja, Habakuk und Jesaja. Ohne Umschweife und Beschönigungen, manchmal in fast unerträglich krassen Bildern, benennen diese die Ausbeutung der Armen durch die Reichen und Mächtigen und fordern im Namen Gottes andere, nämlich gerechtere gesellschaftliche Strukturen. Leidenschaftlich lässt Micha Gott selbst sprechen: »Hört doch, ihr Häupter Jakobs und ihr Richter aus dem Haus Israel! Ist es nicht eure Pflicht, das Recht zu kennen? Sie aber hassen das Gute und lieben das Böse. Sie fressen mein Volk auf, sie ziehen den Leuten die Haut ab und brechen ihnen die Knochen; sie zerlegen sie wie Fleisch für den Kochtopf, wie Braten für die Pfanne« (Micha 3,1–3). Als ›Menschenfresserei‹ prangert Micha die Ausbeutung der Armen an; mit Menschenfressern vergleicht er die Ausbeuter, denen er Gottes Strafgericht androht, um sie zu grundlegender Umkehr zu bewegen.

Die sozialkritischen Propheten appellieren nicht nur an das persönliche Gewissen der Reichen, etwas von ihrem Überfluss als Almosen an Arme abzugeben. Vielmehr argumentieren sie politisch. Sie prangern sündhafte Strukturen und strukturelle Sünde an und verkünden einen Gott, der parteilich auf der Seite der Armen und Unterdrückten steht. Damit fordern sie damals wie heute zu politischem Engagement auf, zum Einsatz für eine Gesellschaftsordnung, die auf möglichst großer ökonomischer und sozialer Gerechtigkeit und auf Gleichberechtigung beruht. In biblischen Zeiten richtete sich der Ruf nach Gerechtigkeit in erster Linie an die Herrschenden Israels und Judäas, als deren Pflicht es angesehen wurde, das Land nach den Geboten Gottes zu regieren. Heute kann eine gerechte Gesellschaftsordnung nicht mehr national, sondern nur noch global gedacht werden.

Die sozialkritischen und egalitären Traditionen der Bibel sind nicht zu vereinbaren mit autoritären und totalitären Herrschaftsstrukturen. Sie sind nicht zu vereinbaren mit einem Menschenbild, das von der Ungleichwertigkeit von Menschen ausgeht. Sie sind auch nicht zu vereinbaren mit Vorstellungen, die von einer angeblich ›naturgegebenen' Überlegenheit bestimmter Menschen ausgehen, von Etabliertenvorrechten oder von einem Elitebewusstsein bestimmter Kreise.

Gottes Parteilichkeit: Nächstenliebe erfordert Konfliktbereitschaft

Mit der biblischen Botschaft, dass Gott Partei ergreift für die Unterdrückten, Ausgebeuteten und Opfer von Gewalt, ist die Aufforderung an uns verbunden, ebenso Partei zu ergreifen. Christ/innen können aufgrund ihres Glaubens da, wo Unrecht geschieht, keine unbeteiligten Zuschauer/innen sein. Wenn es um Menschenfeindlichkeit und Gewalt geht, sind wir aufgerufen, uns auf die Seite der Opfer zu stellen. Der vermeintliche Versuch »neutral« zu bleiben, bedeutet tatsächlich, Tätern und Angreifern Raum, Gelegenheit und Macht zu geben und ihren Eindruck zu bestärken, sie seien Stimme einer »schweigenden Mehrheit«.

Um Menschenfeindlichkeit und verbale Gewalt geht es z.B. bei rechtsextremen Kundgebungen, und zwar immer, auch dann, wenn es nicht zu Ausschreitungen kommt. Menschenfeindliche Hetze findet sich auch in manchen scheinbar bildungsbürgerlichen Medien. Christlicher Einsatz und christlicher Widerspruch sind also auch hier gefragt.

Unrecht wird in der Bibel oft sehr ungeschminkt beim Namen genannt. Täter werden, vor allem in prophetischen Texten, oft sehr krass mit ihrer Schuld und ihrer Verantwortung konfrontiert (z.B.

Micha 3). Sinn solcher Texte ist nicht etwa die Befriedigung archaischer Rachegelüste, wie manchmal fälschlicherweise unterstellt wird. Ziel einer solchen Konfrontation ist auch nicht die lebenslange Stigmatisierung des Übeltäters. Sinn und Ziel sind im Gegenteil: seine Einsicht und seine Umkehr. Echte Umkehr macht den Weg frei zur Wiedereingliederung in die Gemeinschaft. Wiedereingegliedert aber wird ein Mensch, der erkannt hat, dass er auf dem Holzweg war, und der sein Verhalten ändert, und nicht etwa ein Gewalttäter, der an seinem Hass festhält. Für die Frage nach einem christlichen Umgang mit Rechtsextremen und Neonazis bedeutet das: Echte Umkehr macht den Weg frei zur Wiedereingliederung in die Gemeinschaft. Wiedereingegliedert aber wird ein Mensch, der erkannt hat, dass er »auf dem Holzweg« war, und nicht ein Rechtsextremer, der an seiner Ideologie festhält.

Wo so deutlich wie in diesen prophetischen Bibeltexten von Opfern, Tätern und Gottes Parteilichkeit gesprochen wird, geschieht unleugbar eine gewisse Polarisierung. Sie hat nicht den Zweck, Opfer- und Täterrollen lebenslang zu zementieren, manche Menschen als immer schon und immerzu abgrundtief böse zu stigmatisieren und anderen einen lebenslangen Persilschein auszustellen. Sondern solcherlei biblische Texte leiten dazu an, immer wieder genau hinzuschauen, wo in unserem Umfeld und in unserer Welt gerade Unrecht geschieht und ungerechte Strukturen bestehen. Sie leiten an, immer wieder danach zu fragen, wer gerade »unter die Räder« zu kommen droht und wer jeweils die Verantwortlichen sind, die daran etwas ändern können und müssten.

Zudem nehmen sie die Beobachter/innen in die Pflicht, Position zu beziehen: Wer nicht Partei ergreift für die Opfer einer konkreten Unrechtssituation, setzt sich damit selbst ins Unrecht. Eine neutrale Zuschauerposition, aus der heraus man nicht handeln müsste, gibt es nicht, so ihre klare Analyse. Verantwortung tragen also nicht nur einzelne »Täter«, sondern auch die vermeintlichen Zuschauer/innen. Wenn aber aus Zuschauer/innen Handelnde werden, kann sich viel zum Guten wenden, können sogar ungerechte Strukturen verändert werden.

Eine tiefe Einsicht in die Voraussetzungen echter Versöhnung legen diese Texte an den Tag. Zu der kann es nur kommen, wenn geschehenes Unrecht ausdrücklich als solches benannt und nicht etwa verharmlost oder unter den Teppich gekehrt wird und wenn Verantwortliche zu ihrer Verantwortung und Täter zu ihrer Tat stehen. Wenn alles auf den Tisch kommen und beim Namen genannt werden darf, kann dies Veränderung und Versöhnung in Gang setzen. Erfolg ist dabei keinesfalls garantiert. Doch das gegenteilige Vorgehen der Verharmlosung und des Unter-den-Teppich-Kehrens führt in jedem Fall in die Sackgasse: Der Konflikt schwelt weiter und bindet viel Energie. Diese Einsichten können uns ermutigen zur Klarheit und zur nötigen Konfliktbereitschaft mit Menschen, die rechte und menschenfeindliche Positionen vertreten.

Teile des Kapitels »Christliche Argumente gegen ›rechts‹« sind übernommen aus: Strube, Angelika, Rechtsextremen Tendenzen begegnen. Handreichung für Gemeindearbeit und kirchliche Erwachsenenbildung, mit Arbeitsmaterialen auf CD-ROM, Freiburg i. B. 2013 (vergriffen).

Literatur

Gessenharter, Wolfgang/Pfeiffer, Thomas (Hg.) (2004), Die Neue Rechte – eine Gefahr für die Demokratie? Wiesbaden.

Heitmeyer, Wilhelm (2002–2011), Deutsche Zustände (DZ) Bd. 1–10, Frankfurt/M.

ders. (2005), Gruppenbezogene Menschenfeindlichkeit. Die theoretische Konzeption und empirische Ergebnisse aus 2002, 2003 und 2004, auf: http://www.bagkr.de/wp-content/uploads/IKG_2005_Heitmeyer_GMF-Konzept_Ergebnisse2002-04.pdf.

Küpper, Beate/Zick, Andreas (2015), Religiosität und Gruppenbezogene Menschenfeindlichkeit. Ergebnisse der GMF-Studien, in: Strube, Rechtsextremismus, S. 48–63.

Küpper, Beate (2010), Zum Zusammenhang von Religiosität und Vorurteilen. Eine empirische Analyse, in: ethikundgesellschaft. Ökumenische Zeitschrift für Sozialethik 2/2010, Der ganz alltägliche Rassismus: www.ethik-und-gesellschaft. de/mm/EuG-2-2010_Kuepper.pdf.

Ökumenische Arbeitsgemeinschaft Kirche für Demokratie und Menschenrechte, Nächstenliebe leben (2016), Klarheit zeigen. Handreichung für Gemeinden zum Umgang mit Rechtsradikalität und Fremdenfeindlichkeit, Dresden.

Röpke, Andrea/Speit, Andreas (2008), Neonazis in Nadelstreifen, Berlin.

Strube, Sonja Angelika (Hg.) (2017), Das Fremde akzeptieren. Gruppenbezogener Menschenfeindlichkeit entgegenwirken – Theologische Ansätze, Freiburg i. B.

dies., (Hg.) (2015), Rechtsextremismus als Herausforderung für die Theologie, Freiburg i. B.

dies. (in Vorbereitung 2017), Religiositäten und Vorurteilsstrukturen. Empirische Beobachtungen zu religiös motiviertem Autoritarismus in katholischen Milieus, in: Andreas Lob-Hüdepohl/Johannes Eurich (Hg.), Soziale Arbeit zwischen Anpassung und Widerstand.

dies. (2017), Christliche Unterstützer der AfD: Milieus, Schnittmengen, Allianzen, in: Stefan Orth/Volker Resing (Hg.), AfD, Pegida & Co. Angriff auf die Religion?, Freiburg i. B., S. 58–71.

dies. (2016), Familienbild als Einflugschneise: Was Gläubige anfällig macht, in: Neue Caritas. Politik, Praxis, Forschung, Zeitschrift des Deutschen Caritasverbands Heft 20/Nov. 2016, S. 9–13, auch auf: https://www.caritas.de/neue-caritas/heftarchiv/jahrgang2016/artikel/familienbild-als-einflugschneise-was-glaeubige-anfaellig-mac

dies. (2016), »Familienschutz« als Deckmantel für Ideologien der Ungleichwertigkeit, erschienen am 1.2.2016 auf: feinschwarz.net. Theologisches Feuilleton: http://www.feinschwarz.net/familienschutz-als-deckmantel

dies. (2017), Rechtspopulistische Strömungen und ihr Anti-Genderismus, in: Margit Eckholt (Hg.), Gender studieren. Lernprozess für Theologie und Kirche, Ostfildern, 105–120.

dies. (2015), Religiös und rechtsextrem? Beobachtungen zu unerwarteten Anschlussmöglichkeiten, auf: Bundesarbeitsgemeinschaft Kirchen und Rechtsextremismus BAGKR, Materialien: Hintergrundtexte, Rechtspopulismus in Europa, http://bagkr.de/wordpress/wp-content/uploads/2015/07/STRUBE-Artikel-Religi%C3%B6s-und-rechtsextrem-8.2015.pdf;
(Kurzfassung auf: feinschwarz.net. Theologisches Feuilleton: http://www.feinschwarz.net/religioes-und-rechtsextrem-2/#more-1916).

Zick, Andreas/Küpper, Beate/Krause, Daniela (2016), Gespaltene Mitte – Feindselige Zustände. Rechtsextreme Einstellungen in Deutschland 2016, Bonn.

Was tun, wenn Neonazis eine Veranstaltung stören?

Leonhard Seidl

Gerade in Zeiten, in denen die »Neue Rechte« auf dem Vormarsch ist, geschieht es nicht selten, dass Veranstaltungen durch Rechtspopulist/innen, Neonazis oder Islamfeind/innen gestört werden. So verfolgt gerade die extrem rechte »Identitäre Bewegung« die Aktionsform der ästhetischen Intervention, die sie von linken Aktivist/innen übernommen hat. Bekannteste Beispiele dürften die Störung einer Aufführung eines Theaterstücks von Elfriede Jelinek sein, bei der die Bühne mit Kunstblut verunstaltet wurde. Auf der Frankfurter Buchmesse wurde eine Podiumsdiskussion zum Umgang mit »rechten« Verlagen massiv gestört.

Vor der Veranstaltung

Die Überlegung, wer mit der Veranstaltung erreicht werden soll und wer unerwünscht ist, sollte nicht nur aus werbetaktischen Gründen erfolgen. Dem Besuch rechter Störer/innen kann bereits in der Einladung auf Plakaten oder Flyern vorgebeugt werden. Dafür gibt es den sogenannten Einlassvorbehalt. Er ermöglicht, bekannten Personen aus dem extrem rechten Milieu den Einlass zu verwehren, sofern diese bekannt sind. Das gleiche gilt für Personen, die »bereits in der Vergangenheit durch rassistische, nationalistische, antisemitische oder menschenverachtende Äußerungen« aufgefallen sind.

Wichtig ist, sich vor Augen zu halten, dass es auch bei professionellen Sicherheitsdiensten extrem rechte Mitarbeiter/innen geben kann. Darum sollte man sich vor der Verpflichtung mit den vor Ort eingesetzten Mitarbeiter/innen darauf verständigen, ab wann eingegriffen wird und störende Personen aus dem Raum geleitet werden sollen.

Um auf die zentralen Themenfelder der extremen Rechten und der »Neuen Rechten« vorbereitet zu sein, ist es zielführend, sich im Vorfeld mit deren Thesen, Wahlprogrammen etc. auseinanderzusetzen. Eine besondere Kommunikationsstrategie hat die Initiative »Kleiner Fünf« entwickelt: Die sogenannte »Radikale Höflichkeit«. Diese wird unter dem Punkt »Kühler Kopf in heißen Diskussionen« näher erläutert.

Fotografieren

Vor der Veranstaltung sollte überlegt werden, ob und von wem fotografiert werden darf. Gerade die sogenannte »Anti-Antifa« versucht durch veröffentlichte Fotos von Gegner/innen diese einzuschüchtern. Manchmal werden auch intime Details hinzugefügt, mit denen die Person in der Öffentlichkeit diffamiert werden soll.

Sicherheitspartnerschaft

Eine Sicherheitspartnerschaft mit der Polizei oder dem Ordnungsamt kann hilfreich sein, sofern bereits im Vorfeld der Veranstaltung Sorgen vor möglichen Störungen bestehen. In einem gemeinsamen Gespräch können Bedenken und Handlungsoptionen besprochen werden. Für den Zeitraum der Veranstaltung kann eine konkrete Ansprechperson festgelegt werden, die bei Vorfällen sofort zu erreichen ist. Bei der Polizei können szenekundige Beamte um Unterstützung gebeten werden, die allerdings nicht immer eine konsequente Strategie verfolgen müssen, die auch im Sinne der Veranstalter ist, weshalb diese im Vorfeld besprochen und festgelegt werden sollte. Außerdem können mobile Beratungsteams gegen Rechtsextremismus oder Expert/innen aus dem Bereich des Journalismus oder antifaschistischer Gruppen wie die Antifaschistische Informations-, Dokumentations- und Archivstelle München e. V. (A.I.D.A.) unterstützend wirken.

Einlasskontrollen

Somit ist es zielführend, am Eingang Menschen zu postieren, die einen Einblick in die rechte Szene haben und bekannte Personen erkennen. Der Einlassvorbehalt kann durch einen Ordnerdienst aus der Einrichtung, dem Verein oder der organisierenden Gruppe oder durch einen eigens engagierten, professionellen Sicherheitsdienst durchgesetzt werden, falls der Veranstaltungsort nicht sowieso über einen derartigen verfügt. Eine ausreichende Zahl von Unterstützer/innen sollte am Eingang für die Durchsetzung des Einlassvorbehaltes sorgen. Versuchen unerwünschte Person trotz eines ausgesprochenen Verbotes einzudringen, sollte dies konsequent, aber unbedingt gewaltfrei verhindert werden. Unerwünschten Personen sollte vor Veranstaltungsbeginn nochmals ausdrücklich das Hausverbot ausgesprochen werden. Sie sollen dazu aufgefordert werden, die Veranstaltung zu verlassen.

Während der Veranstaltung

Störer/innen, die noch nicht bekannt waren und erst in der Veranstaltung durch menschenfeindliche Äußerungen auffallen, können erst dann mit dem Verweis auf das Hausrecht aus der Veranstaltung verwiesen werden. Wichtige Plätze und Positionen im Raum sollten vor Veranstaltungsbeginn mit vertrauenswürdigen Personen besetzt werden. Dazu gehören die »erste und letzte Stuhlreihe, Plätze an Gängen, Türen, Bühnenaufgängen, Saalmikrofonen, Lichtschaltern u.ä.«[1]

Kommt es zu einer Störung, tritt das Hausrecht in Kraft. Dafür muss allerdings der Inhaber des Hausrechts anwesend sein. Ist das nicht möglich, sollte durch Miet- oder Nutzungsverträge das Hausrecht auf die Veranstalter übertragen werden.

1 In: »Wir lassen uns das Wort nicht nehmen. Empfehlungen zum Umgang mit rechtsextremen BesucherInnen bei Veranstaltungen.« Herausgeber: Mobile Beratung gegen Rechtsextremismus Berlin (MBR), Netzwerkstellen [moskito] und Licht-Blicke, Antifaschistisches Pressearchiv und Bildungszentrum in Berlin – apabiz e.V., 2007, S. 16

Wortergreifungsstrategie

Extrem Rechte und auch die »Neue Rechte« versuchen auf Veranstaltungen das Wort an sich reißen, was »Wortergreifungsstrategie« genannt wird. So verkündeten 2006 die »Jungen Nationaldemokraten« (JN), die NPD-Jugendorganisation, in einem Grundsatzbeschluss: »In der direkten Konfrontation mit dem Gegner soll dieser nicht mehr in der Lage sein, über Nationalisten, sondern nur noch mit ihnen zu diskutieren.« Nazigegner/innen sollen auf ihrem eigenen Gebiet angegriffen und damit auch andere Zuhörer/innen gezielt verunsichert werden. Das Ziel der Rechten ist es, »die Meinungsführerschaft in der Diskussion zu übernehmen, die aktuellen gesellschaftlichen Themen durch eigene, zumeist umfangreiche Wortbeiträge rechtsextrem zu besetzen und den Verlauf der Veranstaltung zu bestimmen.«[2] Gelingt ihnen das nicht, versuchen sie in der Regel, die Veranstaltung derart zu stören, dass sie abgebrochen wird. Dies kann durchaus auf die »Neue Rechte«, auch auf die vom Verfassungsschutz beobachteten »rechtsextremen Identitären« übertragen werden, die sich nach außen oftmals noch moderater als Neonazis benehmen und jung, hipp und heimatverbunden auftreten. Statt »Rasse« verwenden sie den Begriff der »Identität«, woraus sich auch ihr Name ableitet. Beide Gruppen sind geschult darin, die Meinungshoheit in einer Diskussion zu erlangen, um diese »zu Propaganda- bzw. Werbeveranstaltungen für ihre antidemokratische Ideologie umzufunktionieren«.[3] Um dies zu verhindern, sollte das Saalmikrofon in den Händen der Veranstalter/innen bleiben und nicht aus der Hand gegeben werden.

2 Ebd. S. 3

3 Ebd. S. 4

Eine konsequente Begrenzung der Redezeit kann dies ebenso verhindern wie der Einsatz bestimmter Moderationsmethoden, zum Beispiel Anwälte des Publikums.

Täter-Opfer-Umkehr

Die »Neue Rechte«, aber auch Neonazis versuchen so, sich als Teil des demokratischen Meinungsspektrums zu gerieren. Zu diesem Zweck stilisieren sie sich häufig als Opfer so genannter »Sprechverbote« oder »Meinungsdiktate«. Man spricht hier von der Täter-Opfer-Umkehr.

Hierzu sollte ihnen keine Möglichkeit geboten werden. Hilfreich sind vor der Veranstaltung formulierte »klare und transparente Diskussionsregeln … (Antidiskriminierungsregeln)«[4], die sich auf das Grundgesetz oder die Menschenrechte beziehen. So kann bereits die Aussage »Der Islam gehört nicht zu Deutschland« grundgesetzwidrig sein, da sie die dort verankerte Religionsfreiheit beschneidet. Eine Möglichkeit besteht darin, Wortbeiträge, die nicht der sachlichen Diskussion, sondern der Agitation dienen, mit der Begründung zu beenden, dass sie nicht zum Veranstaltungsthema gehören. Diskriminierende Äußerungen können durch Techniker/innen an der Mikrofonanlage mit Verweis auf Antidiskriminierungsregeln verhindert werden. Rechtsextreme sollten keinesfalls auf das Podium gebeten und auch kein Podium durch lange Monologe erhalten. Falls sich Menschen psychisch oder physisch bedroht fühlen, ist dies ein Grund für ein Hausverbot. Dann sollte unbedingt eingegriffen werden, bei Bedarf mit Unterstützung der Polizei. Eine klare und

4 Ebd. S. 17

deutliche Positionierung durch die Veranstalter/innen ist notwendig, wenn islamfeindliche, »rassistische, antisemitische, sexistische, menschenverachtende und den Nationalsozialismus leugnende oder verharmlosende Äußerungen«[5] vorgebracht werden. Sie sollten keinesfalls unhinterfragt stehen bleiben.

Nach der Veranstaltung

Um die Sicherheit aller Teilnehmer/innen zu gewährleisten, sollten gefährdete Personen von der Veranstaltung nach Hause beziehungsweise zum Bahnhof oder Taxi begleitet werden.

Welche Einlassvorbehalte gelten wann?

Bestimmte Personen oder Gruppen können bereits in der Einladung gemäß Art. 10 des Bayerischen Versammlungsgesetzes von einer Teilnahme ausgeschlossen werden.

Nehmen extrem Rechte oder Vertreter/innen der »Neuen Rechten« an einer Veranstaltung teil und stören erheblich, können sie nach Art. 11 des Bayerischen Versammlungsgesetzes durch die Ausübung des Hausrechts von der Veranstaltung ausgeschlossen werden. Es muss ein wiederholtes »gröbliches« Störverhalten vorliegen, das auf eine Behinderung, Unterbrechung oder Auflösung der Veranstaltung zielt. Zwischenrufe oder deutliche Kritik sind nicht ausreichend. Ausgeschlossene Personen haben die Versammlung sofort zu verlassen. Der Ausschluss kann auch erfolgen, wenn ein

5 Ebd.

»subjektives Bedrohungsgefühl von (potenziellen) Opfergruppen«[6] gegeben ist. Kommen die Personen der Aufforderung zum Verlassen des Saals bzw. der Versammlung nicht nach, muss der zwangsweise Ausschluss durch die Polizei vollzogen werden. Dies gilt erst recht, wenn diese Waffen mit sich führen. Verstoßen Teilnehmende gegen Strafgesetze, die ein »von Amts wegen zu verfolgendes Vergehen zum Gegenstand haben«[7] oder dazu aufrufen (z.B. Volksverhetzung)[8], sind sie ebenfalls sofort auszuschließen.

Eine konsequente Haltung wird bereits im Vorfeld einer Veranstaltung durch einen Einlassvorbehalt aufgezeigt, der entsprechend auch so konsequent als möglich umgesetzt werden sollte. Für den Einlassvorbehalt wird folgende Vorbehaltsformulierung empfohlen:

Die Veranstalter behalten sich vor, von ihrem Hausrecht Gebrauch zu machen und Personen, die rechtsextremen Parteien oder Organisationen angehören, der rechtsextremistischen Szene zuzuordnen sind oder bereits in der Vergangenheit durch rassistische, nationalistische, antisemitische oder menschenverachtende Äußerungen in Erscheinung getreten sind, den Zutritt zur Veranstaltung zu verwehren oder sie von dieser auszuschließen.

---

6 In: »Wir lassen uns das Wort nicht nehmen. Empfehlungen zum Umgang mit rechtsextremen BesucherInnen bei Veranstaltungen.« Herausgeber: Mobile Beratung gegen Rechtsextremismus Berlin (MBR), Netzwerkstellen [moskito] und Licht-Blicke, Antifaschistisches Pressearchiv und Bildungszentrum in Berlin – apabiz e.V., 2007, Download unter: http://www.mbr-berlin.de/Materialien/77.html., S. 15

7 § 13 VersG, Absatz 4.

8 Vgl. Dietel/Gintzel/Kniesel, Kommentar zum Versammlungsgesetz, 15. Auflage, § 13 Rdnr. 26 ff.

Dieser Einlassvorbehalt sollte »in allen Veranstaltungseinladungen und -hinweisen sowie Pressemitteilungen im Vorfeld aufgeführt werden. Der Aushang vor dem Veranstaltungsgebäude oder -raum reicht nicht aus.«[9]

Diese Tipps sind größtenteils folgenden Broschüren entnommen:

Kühler Kopf in heißen Diskussionen

Für »heiße« Diskussionen hat die Initiative »Kleiner Fünf« einen Gesprächsleitfaden mit dem Titel »Radikale Höflichkeit« herausgegeben, der im Folgenden zusammengefasst wiedergegeben wird.[10]

In Diskussionen ist die zentrale Frage, wer vor einem sitzt:

- Handelt es sich um verunsicherte Menschen, gilt es, sich ihrer Verunsicherung anzunehmen. Das Gegenüber sollte ernstgenommen werden, was zum Beispiel durch Nachfragen signalisiert werden kann. Bestehende Zweifel und Probleme sollten anerkannt werden. Zugleich sollten Alternativen aufgezeigt werden, indem eigene Erfahrungen und Deutungen eingebracht werden. Gemeinsame Werte und persönliche Sorgen über Konsequenzen schaffen hierbei eine Gesprächsgrundlage. Weniger zielführend ist dagegen, zu signalisieren, dass man getätigte Aussagen grundsätzlich falsch findet – das schafft nur Fronten.

9 In: »Kein Platz für Rassismus! Wir zeigen Zivilcourage. Hinweise für Gastronomen und Hoteliers.« Herausgeber: Allianz gegen Rechtsextremismus in der Metropolregion Nürnberg.

10 In: Kleiner Fünf. https://www.kleinerfuenf.de

- Auch massiver Widerspruch kann rechtspopulistische Standpunkte verhärten. Eine weitere Gefahr besteht darin, selbst in rechtspopulistische Denkmuster zu verfallen. Allgemeine und moralische Verurteilungen können ebenfalls kontraproduktiv sein, da sie herablassend wirken können. Zum Nachdenken anregen ist das oberste Ziel bei verunsicherten Menschen.

- Handelt es sich um provozierende Menschen, gilt es, »klare Kante« zu zeigen. Gezielte Provokationen können auch durch einen ironischen Kommentar entschärft werden. Ebenso kann die Strategie, das Gegenüber auf seine Aussagen festzunageln, nachzubohren, zu hinterfragen und auf Widersprüche hinzuweisen, Störer/innen entlarven. Starke Gegenthesen und eine andere Logik können »Druck aus dem Kessel« nehmen, beispielsweise wenn man rechtlichen Kategorien moralische entgegensetzt.

- Handelt es sich um Menschen mit menschenfeindlichen Positionen, gilt es, einen »kühlen Kopf« zu bewahren. Keinesfalls sollten beleidigende Begriffe verwendet werden oder sollte man sich von der hasserfüllten Logik mitreißen lassen. Sich auf das Grundgesetz oder die Menschenrechte zu beziehen und damit inhaltliche bzw. ethische Standards zu setzen, bringt mehr. Das beinhaltet allerdings auch, keine diskriminierenden Aussagen zu akzeptieren. Das Ziel sollte sein, Grenzen zu setzen und Solidarität mit den Betroffenen zu zeigen.

Politisch positionieren im Job – aber wie?

Es gibt vielfältige Möglichkeiten, sich im Arbeitsleben politisch zu positionieren, zum Beispiel im Betriebsrat, im Pfarrgemeinderat oder in der Vertretung der Mitarbeitenden. Engagement für benachteiligte oder diskriminierte Menschen stärkt diese, Position für ihre Interessen und Standpunkte beziehen zu können.

Falls es im Arbeitsalltag zu rassistischen, verbalen oder physischen Übergriffen kommt, gilt es, sich auf die Seite der Betroffenen zu stellen. Die Vorfälle sollten nicht übergangen, sondern in jedem Fall mit dem Dienstgeber thematisiert werden.

Eine andere Möglichkeit besteht darin, Geflüchtete bei ihrer Suche nach einem Praktikums- oder Arbeitsplatz, auch im eigenen Betrieb, zu unterstützen. In nahezu jeder Stadt gibt es mittlerweile einen Integrationsrat oder einen interkulturellen Rat, an den man sich wenden kann, wenn die Interessen von Minderheiten verletzt werden. Hierbei kann beispielsweise das Informations- und Dokumentationszentrum für Antirassismusarbeit e. V. (IDA) beratend zur Seite stehen.

Es lohnt durchaus, die eigene Sprache einer kritischen Prüfung zu unterziehen. Wörter wie »Flüchtlingswelle«, die unweigerlich eine Assoziation mit einer Naturkatastrophe hervorrufen, die Tote zur Folge haben kann, werden eingesetzt, um eine Abwehrhaltung gegen Geflüchtete hervorzurufen.

Glaubens

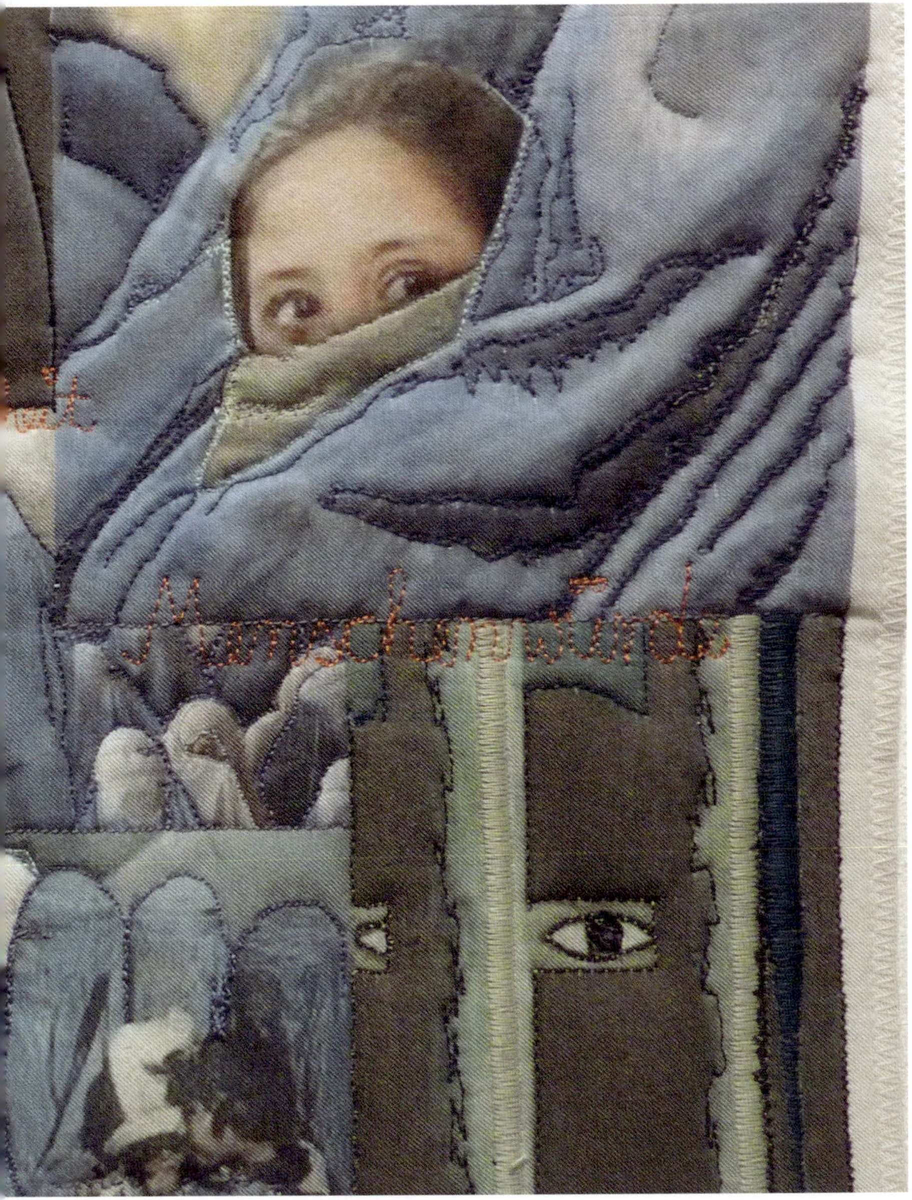
Menschenwürde

Interviews

Martina Mittenhuber

Haben Sie persönliche Erfahrungen mit »Rechtspopulismus«? Welche Konsequenzen ergeben sich für Sie daraus persönlich und öffentlich?

Im Rahmen unseres Engagements für die »Allianz gegen Rechtsextremismus in der Metropolregion Nürnberg« sieht sich mein Büro natürlich auch mit dem Auftreten, den Äußerungen und verbalen Angriffen durch die hiesigen Repräsentantinnen und Repräsentanten des Rechtspopulismus konfrontiert.

Was erachten Sie im Umgang mit »Rechtspopulismus« für besonders wichtig?

Wir können rechtspopulistische Parteien und Bewegungen nicht ignorieren, sondern müssen uns mit deren Haltungen und deren Politik auseinandersetzen und Strategien des Umgangs entwickeln. Ich vermisse in den Medien häufig eine souveräne Auseinandersetzung und im demokratischen Parteienspektrum ein fundiertes Entgegentreten.

Welche Handlungsempfehlungen für Verantwortliche in Verbänden und Organisationen erscheinen Ihnen notwendig/unverzichtbar?

Einen kompletten Ausschluss aus dem demokratischen Diskurs halte ich für nicht zielführend. Unverzichtbar aber erscheint mir das Benennen der menschenfeindlichen Haltungen – keine Verharmlosung, keine inhaltlichen Zugeständnisse. Rechte Hetze darf nicht unwidersprochen bleiben. Argumentativ könnte man ja auch mal aufzeigen, was es bedeuteten würde, wenn die AfD das durchsetzen könnte, was sie fordert, zum Beispiel ihr Frauenbild. Bei Veranstaltungen sollte die Perspektive derer eingebunden werden, die von Hass betroffen sind. Wenn »Wortergreifungsstrategien« angewandt werden, sollten die Veranstalter durchaus auch von ihrem Hausrecht Gebrauch machen.

Martina Mittenhuber
Jahrgang 1963, Historikerin und Romanistin
Seit 2009 Leiterin der Stabsstelle Menschenrechtsbüro & Frauenbeauftragte der Stadt Nürnberg
Davor: Geschichte für Alle e.V., Bundesagentur für Arbeit
Publikationen zur Stadtgeschichte

Ursula Münch

Haben Sie persönliche Erfahrungen mit »Rechtspopulismus«? Welche Konsequenzen ergeben sich für Sie daraus persönlich und öffentlich?
Rechtspopulismus im Sinne eines Anti-Pluralismus, der ausgrenzend und elitenfeindlich auftritt, begegnet mir vor allem indirekt durch digitale Kommunikation.

Was erachten Sie im Umgang mit »Rechtspopulismus« für besonders wichtig?
Die Haltung jedes Einzelnen erscheint mir zentral – gerade wegen ihrer Wirkung auf Unentschiedene. Auch wenn Rechtspopulisten rationalen Argumenten kaum zugänglich sind, muss man gerade auch im privaten Umfeld unmissverständlich klar machen, dass ausgrenzende und abwertende Äußerungen eine Grenze überschreiten. Wer derartige Botschaften unter die Leute bringen will, verlässt die Diskursbasis einer freiheitlichen Demokratie.

Welche Handlungsempfehlungen für Verantwortliche in Verbänden und Organisationen erscheinen Ihnen notwendig/unverzichtbar?
Nicht jeder, der gegen Eliten redet, muss ein Anti-Pluralist sein; vorschnelle Urteile verbieten sich also. Zu bedenken ist aber, dass sich der Hass der Rechtspopulisten gezielt gegen die Strukturen unserer gewaltenteilenden Demokratie richtet. Da die Mechanismen des demokratischen Rechtsstaates den Machtanspruch der autoritären Populisten bremsen, liegt den Populisten daran, die demokratischen Institutionen und Strukturen in Misskredit bringen.

Prof. Dr. Ursula Münch ist Professorin für Politikwissenschaft an der Universität der Bundeswehr München und Direktorin der Akademie für Politische Bildung in Tutzing am Starnberger See – einer wissenschaftlichen Einrichtung, die unabhängig und überparteilich die politische Bildung fördert.

Mitra Sharifi Neystanak

Haben Sie persönliche Erfahrungen mit »Rechtspopulismus«? Welche Konsequenzen ergeben sich für Sie daraus persönlich und öffentlich?

Ich engagiere mich seit drei Jahrzehnten für ein friedliches und gleichberechtigtes Miteinander aller Menschen, die hier leben, und zwar unabhängig von der sozialen, ethnischen, kulturellen oder religiösen Herkunft. Der Weg Deutschlands zu einem Einwanderungsland war ein schwieriger und langsamer Prozess. Aber wir machten Fortschritte. Mit dem Erstarken der »Rechtspopulisten« werden die Mottenkisten wieder aufgemacht und nationalistische und ausgrenzende Denkweisen werden »normal«. Für mich bedeutet das, dass es kraftaufwendiger, aber auch wichtiger denn je ist, auch als Migrantin aktiv gegen Rassismus und für eine solidarische Gesellschaft einzustehen. Und das Gute ist, viele auf seiner Seite zu wissen.

Was erachten Sie im Umgang mit »Rechtspopulismus« für besonders wichtig?

Standhaftigkeit und Klarheit ohne Überheblichkeit. Null Toleranz bei Rassismus und jede Menge Geduld, um verunsicherte Menschen zu überzeugen und mitzunehmen. Die soziale Schere ernstnehmen und Teilhabe für alle ermöglichen. Wichtig ist es auch, zivilgesellschaftliche Strukturen zu fördern, die Rassismus nachhaltig bekämpfen und Begegnung zwischen verschiedenen Bevölkerungsgruppen ermöglichen.

Welche Handlungsempfehlungen für Verantwortliche in Verbänden und Organisationen erscheinen Ihnen notwendig/unverzichtbar?

Ausgrenzung und Diskriminierung nicht tolerieren. Menschen mit Migrationsgeschichte mit einbeziehen, Vielfalt leben und interkulturelle Öffnung auf allen Ebenen vorantreiben.

Mitra Sharifi-Neystanak, geboren 1962 in Teheran/Iran, ist Dozentin am Lehrstuhl für Iranistik der Universität Bamberg und nebenberuflich als Referentin im Bereich DaF und in der Sprachförderung im mehrsprachigen Kontext tätig. Sie engagiert sich ehrenamtlich als stellv. Vorsitzende des Bamberger Migranten- und Integrationsbeirates sowie seit 18 Jahren als Vorsitzende der Arbeitsgemeinschaft der Ausländer-, Migranten- und Integrationsbeiräte Bayerns (AGABY). Sie arbeitet in verschiedenen Gremien auf kommunaler wie auf Landesebene mit und ist Mitglied der Enquete-Kommission für Integration.

Harald Parigger

Haben Sie persönliche Erfahrungen mit »Rechtspopulismus«? Welche Konsequenzen ergeben sich für Sie daraus persönlich und öffentlich?
Rechtspopulismus ist mir bei vielerlei Gelegenheiten und an vielen Orten begegnet. Populär gewordene Schlagworte wie »Deutschland schafft sich ab« oder »Das Boot ist voll« oder »Wir können nicht alle aufnehmen« (Nota bene: Wer redet von »allen«?) haben, in Wechselwirkung mit tausenden von unüberlegt oder bewusst provozierenden Schlagworten und Kommentaren in den sozialen Medien, dazu geführt, dass manches gesellschaftsfähig geworden ist, was früher eigentlich tabu war.

Im privaten Umfeld kann man in der Regel davon überzeugen, dass z.B. abschätzig gebrauchte Vokabeln wie »Wirtschaftsflüchtling« oder gar »Sozialschmarotzer« schon aus historischen Gründen eine grobe Ungerechtigkeit darstellen, wenn sie sich auf Flüchtlinge aus der dritten Welt beziehen. Ähnliches gilt für Phrasen wie »Wir holen uns unser Volk und unser Land zurück.« Man muss klarmachen, was das eigentlich bedeutet! Ein Volk ist niemals homogen aus denselben Ursprüngen gewachsen, das muss auch der größte Dummkopf einsehen.

Im Bereich meiner beruflichen Tätigkeit ist die Überzeugungsarbeit wesentlich schwieriger: Man muss hier gleichsam »ab ovo« beginnen. Wir haben, um nur wenige Beispiele zu nennen, für die Kleinsten ein spannendes Toleranzspiel entwickelt; für Multiplikatoren gab es eine Tagung »Den Wind aus den Segeln nehmen. Über die Auseinandersetzung mit rechtsextremen und rechtspopulistischen Äußerungen in der Schule, in den Gedenkstätten und auf dem Sport-(Fußball-)Platz«, die ihre Fortsetzung in regelmäßigen Fachgesprächen mit Multiplikatoren der Jugendarbeit findet. Eine große Plakatausstellung zeigt, dass Deutschland schon immer ein Einwanderungsland war usw.

Was erachten Sie im Umgang mit »Rechtspopulismus« für besonders wichtig?
Gegen Rechtspopulismus ist Kärrnerarbeit besonders wichtig: beharrliche Aufklärungsarbeit, beharrliche Demokratie- und Werteerziehung von Anfang an.

Welche Handlungsempfehlungen für Verantwortliche in Verbänden und Organisationen erscheinen Ihnen notwendig/unverzichtbar?
Politische Erziehung gehört in jeden Verband, in jede Organisation: Wir müssen dabei aber beständig darauf achten, dass wir nicht indoktrinieren, nichts wäre schlimmer. Denn dann werden wir jenen ähnlich, die wir doch eigentlich bekämpfen wollten.

Dr. Harald Parigger
Historiker und Schriftsteller, seit 2013 Leiter der Bayrischen Landeszentrale für Politische Bildungsarbeit in München.

Foto © Monika Franz, Stmbw.Bayern

Johannes Siebner SJ

Haben Sie persönliche Erfahrungen mit »Rechtspopulismus«? Welche Konsequenzen ergeben sich für Sie daraus persönlich und öffentlich?

Zum Glück habe ich recht wenig persönliche Erfahrungen. Am schwierigsten sind für mich daher die eher subtilen »Begegnungen« mit Ressentiments und der berühmtem Man-wird-doch-mal-sagen-dürfen-Mentalität. Es ist so schwer, da den Fuß rein zustellen, weil es gern mit dem berühmten Körnchen Wahrheit daher kommt. Meine Konsequenzen? Zum einen versuche ich herzlich, offen, neugierig, zugewandt und großzügig zu reagieren, wenn mir Fremde oder Fremdes begegnen – sehr konkret, Tag für Tag. Es macht tatsächlich einen Unterschied, ob ich an dem Bettler in der Fußgängerzone vorbei gehe, ob ich etwas aus meinem Beutel gebe oder ob ich zusätzlich noch eine Geste der Zuwendung »investiere«. Für mich ist das »Übungssache«, die mein Leben bereichert. Zum anderen versuche ich argumentativ stets das Bedürfnis nach Sicherheit und Identität aufzugreifen und ernst zu nehmen, um dann für die Weite, die Diversität und die Schönheit der Welt zu werben.

Was erachten Sie im Umgang mit »Rechtspopulismus« für besonders wichtig?

Wahrhaftigkeit und Klarheit. Klare Grenzen setzen bei übergriffigem Handeln.

Welche Handlungsempfehlungen für Verantwortliche in Verbänden und Organisationen erscheinen Ihnen notwendig/unverzichtbar?
Wahrhaftigkeit und Klarheit. Was nach meiner Erfahrung am besten hilft gegen Angst bzw. Ängstlichkeit, ist gelungene Begegnung mit dem Anderen. Das möglichst niedrigschwellig und einladend zu organisieren, könnte Aufgabe der genannten Gruppen sein.

Johannes Siebner SJ
Seit 2017 Provinzial der Deutschen Provinz der Jesuiten, davor Rektor im Aloisiuskolleg Bonn-Bad Godesberg

© SJ-Bild/C. Ender

Ludwig Schick

Haben Sie persönliche Erfahrungen mit »Rechtspopulismus«? Welche Konsequenzen ergeben sich für Sie daraus persönlich und öffentlich?

Immer wieder habe ich mich als Christ und Bischof, als Bürger Deutschlands und Europas sowie in meiner Verantwortung in der deutschen Bischofskonferenz für die Weltkirche gegen rechtspopulistische Themen öffentlich gewendet. Dafür wurde ich in den neuen Social Media, in Privatpublikationen und in persönlichen Briefen scharf attackiert und erhielt sogar Todesdrohungen. Diese Reaktionen haben mich aber noch mehr darin bestärkt, gegen rechtspopulistische Thesen und Anschauungen Stellung zu beziehen. Ich halte dies für meine Christenpflicht.

Was erachten Sie im Umgang mit »Rechtspopulismus« für besonders wichtig?

Ich verwende nicht so gern den Begriff Rechtspopulismus. Wenn man ihn anführt, muss man auch gleich von Linkspopulismus etc. sprechen. Es gibt sehr verschiedene Formen von Populismus. Alle populistischen Äußerungen, Thesen und Anschauungen haben im Kern etwas mit der Wahrheit bzw. Unwahrheit zu tun. Die klassische Definition von Wahrheit besteht seit Plato darin, dass der Verstand mit der Sache übereinstimmt. Wahrheit bedeutet also, mit dem Verstand von jeder Sache oder jedem Phänomen umfassende

Kenntnis suchen und aussprechen. Konkret: Der Verstand erkennt als Wahrheit, dass alle Menschen gleich sind. Eine populistische These lautet, dass die Menschen ungleich sind, es wichtigere und wertvollere Menschen, Übermenschen und Untermenschen gibt. Diese populistische These ist unwahr, sie stimmt nicht mit der wahren Sicht des Menschen überein. Ein anderes Beispiel: Die Wahrheit bekennt, dass jeder Mensch – unabhängig von Rasse, Gesundheit, Alter – Lebensrecht hat, von der Zeugung bis zum natürlichen Tod. Eine populistische These, die unwahr ist, lautet: Es gibt auch unwertes Leben. Ein drittes Beispiel: Die Wahrheit bekundet, dass die Menschenrechte universal sind und für jeden Menschen gelten. Populistische Thesen missachten diese Wahrheit und handeln gegen sie, indem sie fälschlicherweise behaupten, dass es keine allgemeingültigen Menschenrechte gibt, sondern die Kulturen sie bestimmen; ebenso ist es bei manchen Vertretern der Genderdiskussion, die wahrheitswidrig behaupten, dass es keinen natürlichen Unterschied zwischen Mann und Frau gibt, sondern dass das Geschlecht durch Erziehung etc. erst geformt wird. Wahr ist, dass es eine Gleichberechtigung der Geschlechter geben muss, aber eine natürliche Geschlechterdifferenz und -komplimentarität besteht. Mit Populisten muss man über die Wahrheit der Sachen und der Phänomene Dialog führen. Das Christentum hat sich immer als Verteidiger der Wahrheit in der oben genannten Definition gesehen. Ich betrachte es als meine Pflicht als Christ und Bischof, bei populistischen Thesen die Wahrheit anzumahnen und anzusprechen.

Welche Handlungsempfehlungen für Verantwortliche in Verbänden und Organisationen erscheinen Ihnen notwendig/unverzichtbar?

Verantwortliche in Verbänden und Organisationen müssen das No-Go jeder populistischen Äußerung deutlich machen. Sie sollen dafür stets gesprächsbereit sein und mit den Personen, die populistische Thesen äußern, diskutieren. Dabei müssen sie an die Möglichkeit der Bekehrung jedes Menschen glauben. Zur Wahrheit gehört, dass kein Mensch, auch kein Rechts- oder Linkspopulist, ein hoffnungsloser Fall ist. Alle Menschen sind für das Wahre, Gute und Schöne geschaffen und können es erkennen. Das ist ein Aspekt der Wahrheit über das Wesen des Menschen! Wenn ein Mensch unwahr, böse und hässlich sich verhält, dann ist das eine Perversion seines Wesens und er bleibt unter seinen Möglichkeiten. Ihn davon zu befreien, ist Pflicht und Recht aller Verantwortlichen in Verbänden und Organisationen, die sich für das Wohl der Gesellschaft einsetzen wollen.

Dr. Ludwig Schick
Seit 2002 Erzbischof von Bamberg,
seit 2006 Vorsitzender der Kommission
Weltkirche der Deutschen Bischofskonferenz.

Erzbischof Ludwig Schick: © Pressestelle Erzbistum Bamberg

Josef Schuster

Haben Sie persönliche Erfahrungen mit »Rechtspopulismus«? Welche Konsequenzen ergeben sich für Sie daraus persönlich und öffentlich?

Der Zentralrat der Juden in Deutschland sieht keine Basis für eine Zusammenarbeit mit der AfD. An einer Podiumsdiskussion mit einem AfD-Vertreter würden wir uns nicht beteiligen. Von daher werden die persönlichen Kontakte und Erfahrungen begrenzt bleiben. Da ich große Schnittmengen in der AfD zum Rechtsextremismus sehe, werde ich auch öffentlich weiterhin vor dieser Partei warnen.

Was erachten Sie im Umgang mit »Rechtspopulismus« für besonders wichtig?

Da erscheint mir zweierlei vorrangig zu sein. Zum einen dürfen wir nicht über jedes Stöckchen springen, das die Rechtspopulisten uns hinhalten. Gezielte Provokationen sind das Mittel ihrer Wahl, um Aufmerksamkeit zu erringen. Man muss nicht immer reagieren. Manchmal ist ignorieren die bessere Reaktion. Zum anderen müssen wir mit Sachargumenten ihrem Populismus etwas entgegensetzen, dürfen darüber aber die emotionale Ansprache der Bürger nicht vergessen. Ohne so polemisch zu werden wie die AfD und vor allem ohne Fake News sollten sich die anderen Parteien dennoch den Bürgern intensiv zuwenden und ein offenes Ohr für ihre Probleme haben. Wenn dann tatsächlich Taten folgen, müssten Bürger auch wieder zurückzugewinnen sein.

Welche Handlungsempfehlungen für Verantwortliche in Verbänden und Organisationen erscheinen Ihnen notwendig/unverzichtbar?

Jede Organisation kann frei entscheiden, ob sie der AfD eine Bühne bietet oder nicht. Wo sich die direkte Auseinandersetzung nicht vermeiden lässt – ich denke etwa an Beiräte von Stiftungen, die paritätisch von allen Fraktionen besetzt werden müssen – ist es wichtig, dass die AfD keinen Keil zwischen die anderen Beirats-Mitglieder treiben kann, sondern diese zusammenstehen. Wichtig ist sicherlich, die sozialen Netzwerke ebenso professionell und intensiv zu nutzen wie die AfD. Hier hat sie leider offenbar den anderen Parteien manchmal etwas voraus. Vor allem die Anhänger der AfD sind sehr aktiv in den social media. Daher: Letztlich sind alle Demokraten gefragt, im Alltag, in Vereinen, im Internet und erst recht in der politischen Arbeit demokratische Werte wie Toleranz, Religionsfreiheit, Gleichberechtigung u.a. zu verteidigen.

Dr. Josef Schuster wurde am 30. November 2014 zum Präsidenten des Zentralrats der Juden gewählt. Die Präsidentschaft ist ein Ehrenamt. Dr. Schuster leitet die wichtigsten Gremien des Zentralrats und vertritt den Zentralrat bei Gesprächen mit der Politik, den Medien und anderen Verbänden sowie mit Religionsgemeinschaften. Dr. Josef Schuster ist seit vielen Jahren für den Zentralrat der Juden in Deutschland aktiv. 1999 trat er in das Präsidium des Zentralrats der Juden in Deutschland ein. Von 2010 bis 2014 war er Vizepräsident des Zentralrats. Zugleich ist Dr. Josef Schuster Vizepräsident des World Jewish Congress und des European Jewish Congress. (Quelle: www.zentralratderjuden.de)

Elisabeth Hann von Weyhern

Haben Sie persönliche Erfahrungen mit »Rechtspopulismus«? Welche Konsequenzen ergeben sich für Sie daraus persönlich und öffentlich?

Als ich vor gut zehn Jahren mein Amt im Kirchenkreis Nürnberg antrat, zogen in Gräfenberg Rechtsradikale durch die Straßen. Das hat mich zutiefst schockiert. Seither bin ich besonders sensibel für die Gefahr von Menschenfeindlichkeit und Rassismus in unserer Gesellschaft.

Was erachten Sie im Umgang mit »Rechtspopulismus« für besonders wichtig?

Erst einmal muss man unterscheiden zwischen Rechtspopulismus und Rechtsradikalismus. In einer offenen, demokratischen Gesellschaft muss auch Platz für Meinungen rechts von meiner eigenen sein. Aber zu einer pluralistischen Demokratie gehören komplizierte Entscheidungsprozesse. Wer das leugnet, Meinungsbildung als Kampf zwischen Gut und Böse darstellt und Menschen ausgrenzt, der gefährdet den Grundkonsens, den unsere Demokratie braucht.

Welche Handlungsempfehlungen für Verantwortliche in Verbänden und Organisationen erscheinen Ihnen notwendig/unverzichtbar?

Wir sollten deutlich machen, wie gut und sicher wir in Deutschland leben und dass das zusammenhängt mit der demokratischen Ordnung unseres Grundgesetzes. Und wenn dies offen in Frage gestellt wird, gilt es auch klar »Nein« zu sagen.

Elisabeth Hann von Weyhern
1963 in Esslingen am Neckar geboren
Studium der evangelischen Theologie
Seit 1. März 2006: Regionalbischöfin im Kirchenkreis Nürnberg
in Stellenteilung mit Ehemann

Foto © kirchenkreis.nuernberg

Joachim Unterländer

Haben Sie persönliche Erfahrungen mit »Rechtspopulismus«? Welche Konsequenzen ergeben sich für Sie daraus persönlich und öffentlich?
Insbesondere in meinem langjährigen politischen und auch kirchenpolitischen Engagement bin ich immer wieder mit rechtspopulistischen Thesen und Forderungen konfrontiert worden. Dies gilt insbesondere für die Fragen einer gelingenden Integration von Menschen mit Migrationshintergrund, Fragen des Bezugs von Sozialleistungen und Diskussionen über den Zuzug von Asylbewerbern und Flüchtlingen. Gleiches gilt für sehr konservative kirchenpolitische Positionen. Entscheidend ist, die Menschen über die entsprechenden Sachverhalte aufzuklären und auch mit entsprechendem Material zu informieren. Dies muss in erster Linie auf der sachlichen, aber auch auf der emotionalen Ebene erfolgen. Ich versuche dies bei der Kommunikation zu entsprechenden Themen mit den jeweiligen Fragestellern so zu praktizieren. Gleiches gilt für den fachlichen Umgang.

Was erachten Sie im Umfang mit »Rechtspopulismus« für besonders wichtig?
Ein klares Bekenntnis zu einem christlichen Menschenbild, zu Demokratie und ein klares Bekenntnis zu einer solidarischen Gesellschaft. Diese Positionen müssen im Umgang und in der Diskussion offensiv vertreten werden. Ich beherzige dies. Allerdings müssen die Ursachen für »rechtspopulistische Positionen« auch analysiert und aufgearbeitet werden. Mit entsprechenden Lösungsvorschlägen kann man diesen Positionen häufig »den Wind aus den Segeln nehmen«.

Welche Handlungsempfehlungen für Verantwortliche in Verbänden und Organisationen erscheinen Ihnen notwendig / unverzichtbar?
Nicht wegducken und abtauchen. Das Gespräch und die Diskussion suchen. Die eigenen Positionen klar im Dialog und in der Öffentlichkeit vertreten. Keine Stigmatisierung von Menschen, die empfänglich für solche Positionen und Thesen sind.

MdL Joachim Unterländer, 60 Jahre, verheiratet, eine Tochter, seit 1994 Landtagsabgeordneter, Vorsitzender des Landeskomitees der Katholiken in Bayern, Vorsitzender des Ausschusses für Arbeit und Soziales, Jugend, Familie und Integration, Landesvorsitzender der Christlich-Sozialen Arbeitnehmerschaft.

Empfehlungen

Wissen

Rechtsextremismus. Erscheinungsformen und Erklärungsansätze
Samuel Salzborn, BpB-Schriftenreihe Bd. 1623, Bonn, 2016.

Die autoritäre Revolte. Die Neue Rechte und der Untergang des Abendlandes
Volker Weiss, Klett-Cotta, Stuttgart, 2017.

Die AfD und die soziale Frage. Zwischen Marktradikalismus und ›völkischem Antikapitalismus‹
Stefan Dietl, Unrast, Münster, 2017.

Themendossier »Rechtsextremismus« der Bundeszentrale für Politische Bildung
www.bpb.de/politik/extremismus/rechtsextremismus

Handeln

Gebrauchsanweisung für Populisten
Heribert Prantl, Ecowin, Salzburg, 2. Auflage 2017.

Impulse für den Umgang mit Rechtspopulismus im kirchlichen Raum
Eine Handreichung der Bundesarbeitsgemeinschaft Kirche & Rechtsextremismus (BAG K+R) sowie: Bund der Deutschen Katholischen Jugend (BDKJ), Bund der Deutschen Katholischen Jugend (BDKJ) – Diözesanverband Mainz, Evangelische Akademie zu Berlin, Aktion Sühnezeichen Friedensdienste, Projekt »Kirche stärkt Demokratie« der der EKN, Projektstelle gegen Rechtsextremismus im Evangelischen Bildungs- und Tagungszentrum Bad Alexandersbad, 2016.
Online abrufbar auf www.bagkr.de.

Nächstenliebe lieben. Klarheit zeigen. Handreichung für Gemeinden zum Umgang mit Rechtsradikalität und Fremdenfeindlichkeit
Eine Handreichung der Ökumenischen Arbeitsgemeinschaft »Kirche für Demokratie und Menschenrechte«, 2016.
Online abrufbar auf www.kirche-fuer-demokratie.de.

Miteinander gegen Hass, Diskriminierung und Ausgrenzung
Eine Handreichung der Wohlfahrtsverbände zum Umgang mit Rassismus, Antisemitismus und Rechtsextremismus, 2017.
Online abrufbar auf www.caritas.de.

»Wir holen uns unser Land und unser Volk zurück!« Empfehlungen zum Umgang mit rechtspopulistischen Parteien in Parlamenten und Kommunen
Eine Handreichung der »Mobilen Beratung gegen Rechtsextremismus Berlin«, 2017.
Online abrufbar auf www.mbr-berlin.de.

Bildung – Beratung – Vernetzung

Amadeu-Antonio-Stiftung
www.amadeu-antonio-stiftung.de

Pro Asyl e.V.
www.pro-asyl.de

Schule ohne Rassismus – Schule mit Courage
www.schule-ohne-rassismus.org

Initiative »Kleiner Fünf«
www.kleinerfuenf.de

Landeskoordinierungsstelle gegen Rechtsextremismus in Bayern
www.lks-bayern.de

Projektstelle gegen Rechtsextremismus des »Bayerischen Bündnisses für Toleranz, Demokratie und Menschenwürde schützen«
www.bayerisches-buendnis-fuer-toleranz.de/projektstelle

Allianz gegen Rechtsextremismus der Metropolregion Nürnberg
www.allianz-gegen-rechtsextremismus.de

Die Akademie als »Ort der politischen Bildung«

Eine Danksagung

Diese Handreichung wäre nicht entstanden ohne das Zusammenwirken einer Vielzahl von Personen und Institutionen, wofür wir herzlich »Danke« sagen! Sie alle sind verbunden mit »unserem CPH« in Nürnberg, – und damit mit der Akademie der Erzdiözese Bamberg und des Jesuitenordens. Daher sei dieser Dank ergänzt durch einige Bemerkungen zum Grundauftrag der katholischen Akademien in Deutschland.

Die katholischen (und evangelischen) Akademien wurden nach dem zweiten Weltkrieg als Orte des Dialogs, der Reflexion und damit auch der persönlichen und gesellschaftlichen Selbstvergewisserung begründet. Die gesellschaftspolitische Bildung spielte damit von Anfang an eine große Rolle, denn zum Gründungsauftrag gehörte die Selbstverpflichtung der Akademien, nach der Erfahrung der nationalsozialistischen Herrschaft einen Beitrag zur demokratischen Fundierung zu leisten.

Die Auseinandersetzung mit politischen Themen in der Jugend- und Erwachsenenbildung hat sich in den letzten Jahrzehnten immer wieder neuen Fragen gestellt und verschiedene Veranstaltungsformate entwickelt. Wichtig ist uns dabei, dass unser Beitrag zur Demokratiebildung über die Ressorts hinaus als Querschnittsaufgabe zu verstehen ist. So ist dieses Bändchen auch als Gemeinschaftswerk der an der Akademie tätigen Ressortleitungen entstanden, wofür

Doris Katheder sowie Claudio Ettl und Martin Stammler herzlich gedankt sei!

Ein besonderer Dank gilt allen Beitragenden zu diesem Werk. Seit Jahren arbeitet die Akademie CPH mit der Bundeszentrale für politische Bildung (BpB) zusammen. Daher war es uns eine besondere Freude, dass wir den Grundsatzbeitrag von Prof. Frank Decker und Dr. Marcel Lewandowsky für die BpB übernehmen konnten. Ein ebenso herzliches »Vergelt's Gott« geht an Sonja Angelika Strube, welche die Auseinandersetzung mit Rechtspopulismus und Rechtsextremismus aus christlicher Perspektive einbrachte. Die Grundlage für die praktischen Handlungsempfehlungen hat Leonhard Seidl zusammengestellt.

Eine große Freude ist es uns, dass Persönlichkeiten des öffentlichen Lebens unsere Handreichung durch Kurzinterviews bereichern.

Unsere Interviewpartner stehen oftmals auch für Institutionen, mit denen die Akademie intensiv und langjährig zusammenarbeitet. Auch dafür sei an dieser Stelle herzlich »Danke« gesagt. Dabei spannt sich der Bogen von den Trägern unseres Hauses (vertreten durch den Erzbischof von Bamberg sowie den Provinzial der Jesuiten) und weiteren Repräsentanten von Religionsgemeinschaften, mit denen wir zusammenarbeiten, über unsere Partner in der politischen Bildung (wie der Landeszentrale für politische Bildung) und Vertreterinnen vor Ort, die allerdings mit ihren Institutionen weit über die Metropolregion wirken (wie Vertreter des Menschenrechtsbüros und die bayernweiten Institutionen wie AGABY und das Landeskomitee der Katholiken). Ihnen allen ein aufrichtiges Dankeschön für ihren jeweiligen Interviewbeitrag, aber auch für die Zusammenarbeit über oftmals viele Jahre hinweg.

Die Idee zu dieser Handreichung entstand im Rahmen einer Arbeitsgruppe aus Mitgliedern der katholischen Vertreter/innen des Bündnisses für Toleranz in Bayern. Eine besondere Unterstützung erfuhr das Projekt schließlich durch das Landeskomitee der Katholiken in Bayern, vertreten durch den Geschäftsführer Dr. Karl Eder, und die BAG K+R (Bundesarbeitsgemeinschaft Kirche und Rechtsextremismus), vertreten durch den Projektleiter Henning Flad sowie dem Mitglied des Sprecherrates Martin Becher, der dem Hause ebenfalls in vielerlei Hinsicht verbunden ist.

Das Verdienst, die Texte nicht im eigentlichen Sinne zu illustrieren, sondern durch die Wiedergabe der Kunstwerke auf eine ganz eigene Weise zum Nachdenken und Innehalten anzuregen und damit die Texte zu ergänzen, kommt schließlich zwei Künstlerinnen zu. Sowohl die Nürnberger Textilkünstlerin Heidi Drahota als auch die aus Damaskus stammende Berliner Malerin Shahinas Othman haben ihre Werke im CPH in Ausstellungen präsentiert und zahlreiche Begleitveranstaltungen eingebracht.

Ein abschließender Dank gilt schließlich unserem Verleger, Herrn Thomas Häußner und seinem Team vom Echter Verlag Würzburg, der in gewohnter und bewährter Weise unsere Ideen auf dem Weg zum gedruckten Buch begleitet hat. Ein dankbares Gedenken gilt dabei Peter Hellmund, der viele der Publikationen unserer Akademie gestaltet hat und leider viel zu früh verstorben ist.

Nun bleibt nur zu wünschen, dass wir mit unserer Veröffentlichung eine breite Öffentlichkeit erreichen und mit diesen Empfehlungen zur Auseinandersetzung mit Demokratie und ihren Herausforderungen (von Rechts) anregen. Damit wäre auch ein Auftrag unserer Akademie als Ort der politischen Bildung erfüllt.

Am Tag des heiligen Nikolaus,
der sich für sein Gemeinwesen eingesetzt hat
Siegfried Grillmeyer, Direktor der Akademie CPH

Autorenverzeichnis

Frank Braun, Akademie CPH Nürnberg, Eine Welt Promotor Nordbayern

Prof. Dr. Frank Decker, Diplom-Politologe, wissenschaftlicher Leiter der Bonner Akademie für Forschung und Lehre praktischer Politik (BAPP).

Heidi Drahota, Textilkünstlerin in Nürnberg

Claudio Ettl, Akademie CPH Nürnberg, Ressort Theologie-Spiritualität-Philosophie

Dr. Siegfried Grillmeyer, Akademie CPH Nürnberg, Akademiedirektor

Dr. Doris Katheder, Akademie CPH Nürnberg, Ressort Erinnerungsarbeit-Menschenrechte-Werte

Dr. Marcel Lewandowsky, Politologe, Helmut-Schmidt-Universität Hamburg.

Diana Löffler, Akademie CPH Nürnberg, Ressort Kunst-Kultur-Begegnung

Shahinas Othman, Malerin in Berlin

Leonhard F. Seidl, Schriftsteller und Sozialpädagoge, Nürnberg.

Martin Stammler, Akademie CPH Nürnberg,
Ressort Globalisierung-Solidarität-Demokratie

PD Dr. theol. Sonja Angelika Strube, Institut für Katholische
Theologie, Universität Osnabrück

Shahinas Othman

(*1978) Malerin in Berlin

Im November 2014 ist Shahinas Othman in Deutschland angekommen. Der palästinensischen Syrerin aus Damaskus gelang die Flucht über die Türkei und Italien. In ihrer Zeit im Kirchenasyl in der evangelischen Gemeinde im schwäbischen Immenstadt beginnt sie wieder zu malen. Ihre Bilder lassen die Stationen ihres umbruchreichen Lebens sichtbar werden und erzählen auch ohne Worte die Geschichte ihrer Flucht. Ihre Figuren bestehen aus stilisierten Formen, die einander in unheilvoller Harmonie ergänzen. Shahinas Othman ist mittlerweile als Flüchtling anerkannt und hat ein Bleiberecht von drei Jahren.

Die Werke in diesem Band:

Seite 36 **Traum** (2017)
Seite 74 **Wohin** (2017)
Seite 96 **Hoffnung** (2017)
Seite 105 **Sehnsucht** (2017)

Heidi Drahota

(*1961) Textilkünstlerin in Nürnberg

Im Atelier Heidi Drahota »Werkraum für Textiles« gestaltet sie in erster Linie großformatige Arbeiten mit gesellschaftskritischem, politischem oder autobiographischem Bezug.

Nicht zuletzt aufgrund der deutschen NS-Vergangenheit sieht sich Heidi Drahota den Menschenrechten in ganz besonderer Weise verpflichtet. Im Rahmen des Projektes mit dem Titel »Schicksalsfäden – Stoff aus dem das Leben ist« leitete sie eine Gruppe geflüchteter Frauen dazu an, ihre Lebensgeschichten auszutauschen und ein Bild aus ihrem Leben zu nähen. Teile dieser Arbeiten waren im CPH als Ergänzung zur Ausstellung »Asyl ist Menschenrecht« zu sehen.
www.heidi-drahota.de

Die Werke in diesem Band:

Seite 34/35 **Meiner Meinung nach**
Seite 58/59 **Never again** (2015)
Seite 60 **Gegossenes Blei**
Seite 72/73 **Ich bin so frei**

Mit Unterstützung von

Gefördert vom

Bundesministerium für Familie, Senioren, Frauen und Jugend

im Rahmen des Bundesprogramms

Demokratie leben!

LANDESKOMITEE DER KATHOLIKEN IN BAYERN

BAG K+R
BUNDESARBEITSGEMEINSCHAFT
KIRCHE & RECHTSEXTREMISMUS

akademie caritas-pirckheimer-haus cph

Die Veröffentlichungen stellen keine Meinungsäußerung des BMFSFJ oder des BAFzA dar. Für inhaltliche Aussagen trägt der Autor/die Autorin bzw. tragen die Autoren/die Autorinnen die Verantwortung.